Parsua Bashi
Mein Leben als Frau im Reich der Mullahs

Briefe aus Teheran

Aus dem Persischen
und Englischen von
Susanne Baghestani,
Anuschka Roshani und
Yamin von Rauch

KEIN&ABER
POCKET

Ebenfalls von Parsua Bashi:
Nylon Road. Graphic Novel

Überarbeitete und ergänzte Neuauflage mit einem
Nachwort von Anuschka Roshani
Die erste Auflage der frühen Texte erschien 2010
unter dem Titel *Briefe aus Teheran* bei Kein & Aber

Coverbild: Milaf Hajizade
Druck und Bindung: CPI books GmbH, Leck
ISBN 978-3-0369-6161-3
Auch als eBook erhältlich

www.keinundaber.ch

Inhalt

MEIN HEUTIGES LEBEN IN IRAN

Mein Leben als Frau
im Reich der Mullahs

Ich bin mit dem mittleren Alter zufrieden. Diese Jahre meines Lebens sind für mich bislang die interessantesten. Vielleicht war ich nur in meiner Kindheit, bis ich zwölf, dreizehn wurde, ähnlich zufrieden, wie ich es heute bin. Die »asexuelle« Existenz eines Kindes vor der Pubertät ähnelt der geschlechtslosen Existenz nach den Wechseljahren, zumindest kommt es mir so vor.

Es ist die beste Zeit meines Lebens als »Mensch«: Mein weiblicher Körper steht nicht mehr im Vordergrund, in der Gefahrenzone. Das Erste, was er preisgibt, ist nicht länger mein Geschlecht. Ich atme freier. Ich bin leichter unterwegs, in der Menge, überall. Deshalb liebe ich meine grauen Haare. Die Fältchen um meine Augen. Ich mag die zwei tiefen Linien auf beiden Seiten meines Mundes. Ich mag meine Brille und meine kurzsichtigen Augen. Ich liebe meine nackten, unmanikürten Finger und schütze sie mit keiner Creme. Sie sind meine natürlichen Panzerungen.

Denn jetzt muss ich keine schweren, kalten Rüstungen

und Masken mehr tragen. Jetzt schützen die Falten in meiner Haut und meine grauen Haare mein Wesen, meine Gedanken, Ideen, Überzeugungen, Gefühle und meine Kunst.

Jahrelang habe ich Ketten geschmiedet, Ring für Ring, um Rüstungen für meinen weiblichen Körper herzustellen. Viel Energie habe ich dafür aufgewendet und komplizierte Berechnungen zu ihrer Wirksamkeit angestellt: wie exakt diese für alle möglichen Situationen taugen könnten; wie sie mir auf der Straße Schutz vor männlichen Passanten böten, damit diese mich nicht mit aufdringlichen Blicken oder Worten oder sogar Berührungen verletzen könnten. Mein Ziel war es, unnahbar zu erscheinen, ich durfte niemandes Blick streifen. Mein Gesicht musste zu einer undurchdringlichen Maske werden, zu einer kühlen Fassade der Abschreckung. Damit ich in der Schule, auf der Universität und im Arbeitskontext in meiner Weiblichkeit neutralisiert würde für die Augen männlicher Klassenkameraden und Lehrer, für die Augen der Moralwächter und -wächterinnen des iranischen Regimes. Auf alle Fälle musste ich verhindern, irgendwelche Gefühle zu offenbaren, damit ich nicht der Schamlosigkeit, etwa des Flirtens, beschuldigt würde.

Unter Verwandten und im Freundeskreis musste ich meine Alltagsrüstung mit einem Unschuldsgesicht veredeln, um den Ausdruck eines guten braven Mädchens oder einer anständigen Frau ergänzen, die von anderen Frauen akzeptiert wurde – die keine Bedrohung für deren Ehemänner und die anderen Männer ihrer Familien darstellte. Die Männer wiederum sollten mir den Umgang mit ihren Frauen und Töchtern gestatten; das aber taten sie nur, sofern ich kein »rebellisches« Vorbild war.

Wenn ich heute, nach vielen Jahren, über die Höhen und Tiefen meines Lebens nachdenke, bin ich verblüfft über all die Schwierigkeiten, die ich im täglichen Kampf mit der Regierung und der Männergesellschaft erduldet habe – erstaunt auch darüber, dass ich mich der Rolle, die sie mir aufbürden wollten, so hartnäckig widersetzte. Über die Kluft, die sich zwischen meinem wahren Gesicht, meiner eigentlichen Existenz und der nach außen getragenen Maske aufgetan hatte.

Als Teenager nahm ich die diktierten Auflagen für Frauen in einer von Männern dominierten Gesellschaft auf mich, ich hatte noch gar keinen Begriff davon. Das war die Zeit kurz nach der Iranischen Revolution, als die Gesellschaft vom Krieg zerrissen war: Die künstliche dünne Schicht der westlichen Moderne unter dem Schah schien damals wie Eis in der Hitze des Tages dahingeschmolzen zu sein.

Ich war ein Teenager, der in einer intellektuellen, kunst- und kulturliebenden Familie aufwuchs. Ich hatte keine Vorstellung von der frauenfeindlichen Wirklichkeit der iranischen Gesellschaft. Mein Leben und das meiner Familie, wie das vieler Menschen der gebildeten Mittelschicht in Teheran, fand auf einer abgelegenen, sonnigen Insel statt.

Mein Vater war Schriftsteller, Übersetzer, Journalist und Kolumnist, der regelmäßig Kritiken zu Musik, Ballett und Oper schrieb, außerdem war er Amateurmusiker und ein ehemaliger linker Aktivist. Sein politisches Engagement hatte er bereits zu Schahzeiten mit Gefängnis und dem Verlust seiner Arbeitsstelle bezahlt. Meine Mutter war Hausfrau, interessiert an Poesie und Literatur, eine schöne, moderne Frau.

Ich war kaum dreizehn, als sich die Revolution in Iran ereignete. Alles veränderte sich. Ich hatte nicht das Glück, meine Jugend während des Schah-Regimes zu erleben und die relativen Freiheiten auszukosten, die es für Frauen damals gab. Ich genoss weder Freiheiten in der Schule, noch hatte ich Gelegenheit, freundschaftliches Miteinander mit Jungen zu pflegen. Später erst begriff ich, dass es auch zur Zeit des Schahs eine Geschlechterdiskriminierung gegeben hatte und dass seine Regierungszeit lediglich von einer Glasur der Modernität und Gleichheit überzogen war.

Nein, meine Kindheit und Jugend spielten sich hauptsächlich in der Islamischen Republik ab, mit ihren vielen geschlechtsspezifischen Gesetzen. Die Kleidervorschriften für Frauen inklusive ihrer speziellen Einschränkungen und Definitionen seitens der Regierung haben verhindert, dass ich einen eigenen Stil entwickelte. Die Trennung von Frauen und Männern verschloss für mich viele Türen. Die Wahl des Studien- und Berufsfeldes etwa war für uns Mädchen begrenzt. Das Schlimmste aber war, dass die Scharia-Regeln für die Beziehungen zwischen den Geschlechtern meine privaten Verhältnisse und mein persönliches Gebaren, das ich in der Kindheit noch als unabhängig vom Geschlecht erlebt hatte, in den Narrativen der Islamischen Republik transformierten: Mein Verhalten wurde für durch und durch inakzeptabel erklärt.

Alles, was ich zu Hause gelernt hatte, musste ich wegwerfen und mir neu aneignen. Was ich in der gemischten Grundschule, in meinen Kindheitsspielen mit Brüdern, Cousins und Cousinen gelernt hatte, mit Klassenkameraden und Kindern von nebenan.

Mit meinen Eltern und den beiden Brüdern fand ich mich in diesem Sturm wieder, erstaunt und ungläubig; es nahm uns den Atem. Mein Vater verlor erneut den Job und auch die Liebe zu seinem Metier; es hieß, er sei links gewesen – nicht aber ein Revolutionär der richtigen Revolution. Keine Arbeit, keine Ersparnisse – und das mit knapp fünfzig Jahren. So begann unsere familiäre Armut. Und die Verzweiflung meines bisher leidenschaftlichen Vaters.

Mein älterer Bruder brach die Schule ab. Die Musikschule nämlich schloss, Musik war ab sofort verboten: haram. Der Krieg begann. Und mein Bruder, neunzehn Jahre alt, musste zur Armee. Meine Mutter war nicht länger eine liebe, lebhafte Frau: Ihr erster Sohn war nun Soldat inmitten des Kriegs, er konnte jeden Moment an die Front geschickt und getötet werden. Ihr anderer Sohn war fast sechzehn und würde innerhalb der nächsten zwei Jahre eingezogen werden. Die Universitäten wurden geschlossen. Kulturrevolution. Dieser geniale Junge, den die Wissenschaft faszinierte, hatte nicht die Möglichkeit, an die Universität zu gehen und vom

Militärdienst befreit zu werden. Meine Mutter wurde zu einem nervösen, sorgenvollen Geschöpf.

Also durchlebte ich meine Pubertätsrevolution zur Zeit der gesellschaftlichen Revolution mutterseelenallein. Meine Mutter war mit ihren eigenen Nöten beschäftigt. Ihre Gedanken waren meilenweit von denen ihrer Tochter entfernt. Fortan lebte ich mein Leben gegen den Uhrzeigersinn – ich lebte mein Leben rückwärts.

Um meinen Eintritt ins Erwachsenenalter zu markieren, engagierte ich mich mit dreizehn, vierzehn Jahren politisch, anstatt mich bei dem typischen Teenagertreiben zu amüsieren. So gefährlich es auch war. In Wahrheit konnte ich überhaupt nicht abschätzen, wie gefährlich es werden konnte. Das hätte militärische Disziplin und Weitsicht vorausgesetzt. In dieser Phase meines Lebens fühlte ich mich, als wäre ich dreißig Jahre alt.

Während meines Studiums, als Grafikdesign-Studentin an der Universität Teheran, an der Fakultät für Bildende Kunst, erlebte ich zahlreiche Einschränkungen, wie zum Beispiel die Aufspaltung in Mädchen und Jungen. Zudem waren ausschließlich jene Bücher zu Fotografie, Malerei und Skulptur zugänglich, die die Zensur genehmigt hatte. Aber am schwersten von allem waren die politischen Drohungen zu ertragen: Beim kleinsten Anzeichen von Opposition gegen die islamische kulturelle und politische Revolution, das machte man uns klar, würden wir nach dem permanenten Ausschluss von Bildung letztendlich im Gefängnis landen.

Dann, mit dreiundzwanzig Jahren, traf ich eine falsche Entscheidung: Ich heiratete. Einen Mann, den ich nicht wirklich kannte. Dieser Mann, der auf den ersten Blick so künstlerisch und vernünftig gewirkt hatte, entpuppte sich als gewalttätig. Jahre später, in einem Gespräch mit einem Schweizer Freund über meine fatale Ehe mit diesem Mann – vor allem über das katastrophale Ende dieser Ehe, das zur Trennung von meiner fünfeinhalbjährigen Tochter führte –, stellte dieser Freund mir eine einfache Frage: »Wie konntest du als kluge Person nur solch einen Fehler machen?«

Wir hatten keine Ahnung von nichts; in der Islamischen Republik der 1980er-Jahre durften wir vor der Heirat keine Beziehung mit unserem potenziellen künftigen Partner führen. Wir durften vor der Ehe nicht miteinander reden, reisen oder die Familie des anderen kennenlernen, geschweige denn den Körper und die Seele des anderen für uns entdecken.

Aber wir hatten ja ohnehin genug damit zu tun, unsere Niedergeschlagenheit loszuwerden. Der Mann jedoch, den ich mir als Freund und Begleiter gewählt hatte, um diese Anstrengung gemeinsam zu bewältigen, war ein Opfer seiner eigenen Illusionen, emotional höchst instabil. So wurde mein Ehemann zu meinem Gefängniswärter.

Im Alter von vierundzwanzig Jahren, als ich mein Neugeborenes in den Armen hielt, fühlte ich mich wie fünfzig oder sechzig. Ich verbüßte meine Haftstrafe in einem Gefängnis namens Ehe. Mein Verbrechen bestand in der Wahl des »falschen« Mannes. Dafür verurteilte ich mich selbst, ich dachte, es sei mein Fehlverhalten, wofür ich bezahlte, nicht das irgendeines anderen.

Mit dreißig ließ ich mich scheiden. Ich schickte mich in alle Katastrophen, die darauf folgten, und glaubte weiterhin, dass ich für meine falsche Wahl allein zu büßen hatte.

Ehescheidungen waren in Teheran damals noch ein Tabu. Eine Scheidung betrachtete man als einen Akt der Schande. Niemand vermietete eine Wohnung an eine dreißigjährige alleinstehende Frau, schon gar nicht an eine »geschiedene Frau«. Man vermutete, männliche Besucher würden sich dort die Klinke in die Hand geben und dadurch stehe die »Ehre« der gesamten Nachbarschaft auf dem Spiel. Außerdem war es ein Ding der Unmöglichkeit, einen Arbeitgeber zu finden, der, neben den beruflichen, nicht auch sexuelle Ansprüche an eine junge alleinstehende oder geschiedene Frau stellte.

Einige Mitglieder meiner entfernten Verwandtschaft, die das Land noch nicht verlassen hatten, schreckten davor zurück, in Familienstreitigkeiten verwickelt zu werden, und zögerten deshalb, mir zu helfen – mein Ex-Mann sollte nicht als unehrenhaft gebrandmarkt werden.

Mein Vater starb viele Jahre vor diesen Ereignissen. Meine beiden Brüder waren zehn Jahre zuvor schon nach Amerika ausgewandert. Der einzige Mensch, der die Last jener Tage mit mir hätte tragen können, war meine Mutter – die aber versank in Passivität und Schwäche, außerdem weilte sie für längere Zeit bei meinen Brüdern in der Ferne.

Ich blieb zurück: eine gebrochene junge Frau, einsam und traurig – ohne meine Tochter. Denn ohne finanzielle Unterstützung, ohne Anwalt oder auch nur einen männlichen Begleiter wie den Vater oder Bruder hatte ich allein vor Gericht nichts für mich als Mutter ausrichten können. Dabei wog für den Richter am schwersten, dass ich die Scheidung gewollt hatte, nicht der Ehemann.

Aus der Sicht eines Scheidungsrichters – eines gläubigen Muslims also, für den die Überlegenheit des Mannes außer Zweifel stand – war ich eine verantwortungslose, rechtlose Frau, die sich weigerte, zu leiden und in ihrer Ehe auszuharren. Gleich, ob mein Mann mich schlug und einsperrte und mich mit Gewalt daran hinderte, jemanden zu treffen, sogar Kontakt zu dem einzigen Familienmitglied zu haben, das mir geblieben war, zu meiner Mutter. In den Augen dieses Richters, eines Mullahs, verband sich mit meiner Mutterschaft das Gebot, mich als Mensch selbst aufzugeben. Egal, wie sehr ich meine Ehe als regelrechte Hölle empfinden mochte – ich hatte schlicht Mutter zu sein und gegenüber meinem Mann Gehorsam zu zeigen.

Ich hatte alle beruflichen Ambitionen in den Wind zu schlagen, und ich sollte ja nicht glauben, dass das Leben mir jemals eine zweite Chance einräumen könnte. Man verlangte von mir, mein ganzes Wissen, meine Bildung, die mich zu einem Menschen des 20. Jahrhunderts gemacht hatte, ad acta zu legen. Jedes Ziel, das ich je verfolgt hatte, zu negieren. Mich von allem zu verabschieden, was die Welt weit und schön macht, von Kunst,

Musik, Literatur. Von Filmen, die ich noch nicht gesehen hatte, von Menschen, denen ich noch nicht begegnet war, von Orten, die ich noch nicht aufgesucht hatte. Man zwang mich, für immer Abschied zu nehmen von der Aussicht auf tausend magische Dinge auf diesem unendlichen Planeten, die darauf warteten, von mir entdeckt zu werden.

Dieser Richter, mein Mann und die Mullahs forderten mich in jenem elenden Jahr dazu auf, mich nicht nur der ehelichen Gewalt zu beugen, sondern auch die Hoffnungslosigkeit zu akzeptieren: das Faktum, dass es für mich keinen anderen Weg im Leben mehr geben würde.

Umgekehrt wollten sie nicht anerkennen, dass jeder einzelne Moment nackter Gewalt einer zu viel ist. Vor dem Richter wollte ich meinem Mann ins Gesicht brüllen: Ich habe Angst vor dir, vor dem Geräusch deiner Schritte, wenn du den Schlüssel im Schloss drehst und die Wohnung betrittst. Deine Gewalt löst Panik bei mir aus, deine Kontrolle über mich, deine Wut, dein Misstrauen oder dein kaltes Schweigen erzeugen in mir pure Verzweiflung. Deine Gewalt bedeutet meinen Tod – wenn du mich für nichts schlägst, erniedrigst und beschimpfst, nur weil du stärker bist und paranoid. Diese Gewalt ist eine absolute: mir zu drohen, dass ich nie wieder studieren, arbeiten, reisen, mein Kind bei mir haben werde, nie wieder meine Mutter sehen darf. Angst und Gewalt werden eins, fließen ineinander. Die Angst, überhaupt am Leben zu sein; die Angst davor, mit dir zu leben und keinen Ausweg aus dieser Misere zu sehen.

Der Richter hätte mich anhören sollen: Ein Gesetz, das mich zwingt, mit einem Mann zu leben, dessen Stimme mich schon zittern lässt, bedeutet Gewaltanwendung. Über diese Gewalt nicht sprechen zu dürfen, weil eine »gute« Frau sich opfern sollte, für den guten Ruf der Familie und der Kinder, das heißt Gewalt. Wie es auch Gewalt ist, dass ich mich Gesetzen beugen muss, die mich grundsätzlich als rechtlos bezeichnen statt meinen Mann als gewalttätig – nur weil er männlich ist und ich weiblich bin. Das alles ist Gewalt.

Im Jahre 1996 habe ich mich also scheiden lassen und zugleich das Sorgerecht für meine fünfjährige Tochter verloren. Sieben Jahre lang verwehrte mir mein Ex-Mann die Treffen mit meiner Tochter, obwohl es mir gerichtlich erlaubt war, sie alle zwei Wochen zu sehen. Ich versuchte alles, um mein Besuchsrecht durchzusetzen, doch mein Ex-Mann weigerte sich schlicht, die Tür zu öffnen, wenn ich kam, schickte meine Tochter schließlich sogar zu seiner Familie in eine andere Stadt, weit weg von Teheran. Ich reichte Klage ein, aber das Gericht tat nichts, um mein Recht geltend zu machen.

Trotz meines eingeschränkten Alltags als geschiedene Frau und trotz des Schmerzes, nicht bei meinem Kind zu sein, fühlte ich mich nun, als wäre ich sechzehn Jahre alt: dabei, das Leben zu entdecken.

Mit zweiunddreißig verliebte ich mich in einen Mann, einen Designer, der bald danach mein zweiter Ehemann wurde – eigentlich viel zu früh, aber das islamische Recht erlaubte es abermals nicht, sich außerhalb einer Ehe erst einmal besser kennenzulernen. Nun fühlte ich mich wie achtzehn.

Mit unglaublicher Begeisterung, ermutigt durch die Liebe und Kameradschaft meines neuen Partners, begann ich, Literatur, Musik, Kino und vor allem das Zeichnen und Malen wiederzuentdecken und auszukosten.

Doch kurz gefasst: Das zutiefst traditionelle Machismo-Denken, das mein zweiter Mann verinnerlicht hatte, ließ ihn befürchten, er könnte sich in mir eine Konkurrentin an seiner Seite heranziehen. Eine berufliche Rivalin. Und jede Sicherheit, alles Glück schwand damit.

Mit vierunddreißig Jahren, als ich meine zweite Ehe beendete, meinte ich, hundert Jahre alt zu sein und in meiner Brust ein kaltes Herz aus Stein zu tragen.

Die Ungerechtigkeit und Engstirnigkeit der Männergesellschaft und der immense Hass, der hervorbrach, zerstörten mich. Von da an misstraute ich mir – und der Gesellschaft. Das Misstrauen war so allumfassend, wurzelte so tief, dass es mich den größten Teil meiner Lebensenergie kostete, wieder davon abzulassen. Und es dauerte lange, bis mir klar wurde, dass mich die tägliche Indoktrination einer patriarchalischen Gesellschaft davon abgehalten hatte, mir selbst Glauben zu schenken.

Als ich dreißig Jahre war, hatte mir die männliche Gesellschaft meine Mutterschaft gestohlen, nachdem ich gegen Gewalt und Demütigung aufbegehrt hatte. Jetzt, mit vierunddreißig, setzte dieselbe Gesellschaft alles daran, mich auch all meiner persönlichen Überzeugungen, Neigungen, Talente, meines Fachwissens zu berauben.

Erst als ich nach Europa – nach Zürich – zog, gewann ich ganz langsam wieder Vertrauen in meine berufliche Eignung; Schritt für Schritt wendete ich viel Zeit und Kraft dafür auf. Längst war ich davon überzeugt, keine Ahnung von meinem Gewerbe zu haben. Dass es nur dem Glück zu verdanken war, einen naiven Kunden gefunden zu haben, der mir einen Auftrag geben wollte. Ich bildete mir ein, dass ich es nicht verdiente, mich eine Expertin zu nennen. Ich war sicher, dass die Gesellschaft recht hatte und es einzig meiner »Weiblichkeit« geschuldet war, wenn ich in der Schweiz einen Job finden würde und ein neues Leben.

Diese Indoktrinierung war so hartnäckig, dass sie meine Logik und meine analytische Kraft lähmte – selbst in der Schweiz betrachtete ich mich lange Zeit als ein weibliches exotisches Wesen. Gab man mir einen Auftrag als Illustratorin oder Autorin, dachte ich, dies liege in erster Linie daran, dass ich eine Frau aus einem fremden Land war. Mit meinen Fähigkeiten hatte das nichts zu tun.

Davon war ich überzeugt, obwohl mir auch früher in Iran nie klar gewesen war, welche Art von sexueller Waffe ich angeblich einsetzte, ich war doch bloß ich selbst. Ich kleidete mich ja anständig, schminkte mich nicht, versuchte keinen Kunden mit weiblichen Reizen zu umgarnen. Alles, was ich tat, war, Tag und Nacht zu arbeiten.

Warum durchschaute ich es damals dennoch nicht? Immerhin hatte ich auch einige Auftraggeberinnen. Auch in Iran gewannen weiblich geführte Verlage langsam an

Boden, und ich arbeitete so viel wie möglich für wenig Geld. Weshalb erkannte ich diesen Widerspruch noch immer nicht? Warum hatte ich mich nicht daraufhin befragt? Vielleicht weil sonst auch niemand auf eine Antwort brannte?

Es herrschte eine stille Übereinkunft darüber, dass Frauen, insbesondere junge, geschiedene oder alleinstehende unabhängige Frauen, Karriere nur aufgrund ihres Geschlechts machen würden, und das war es auch schon. Die Mehrheit, sowohl Männer wie Frauen, glaubte an diese Prämisse. Wer war ich, auf eine Frage zu antworten, die nie offen gestellt wurde? Und war nicht die Antwort auf die nicht gestellte Frage sowieso der Grund, warum ich schuldig war? War das Beharren auf meine intellektuelle und berufliche Unabhängigkeit es wert gewesen? Hätte ich nicht besser akzeptieren sollen, dass meine verhängnisvollen Fehler in meinem Beziehungsleben – vor allem die Trennung von meinem Kind – nur das Resultat meiner Bestrebungen waren?

Als ich mit Entwürfen für die erste Buchdesign-Ausstellung Teherans im Jahr 2000 deren Wettbewerb gewann, konnte ich es nicht fassen. Obwohl doch die Veranstalter mein Geschlecht gar nicht kannten, als ich meine Entwürfe einreichte. Mein Name ist ein sehr seltener persischer Name. Und als ich bei der Preisverleihung als Siegerin ausgerufen wurde, da sprachen sie von »Herr«. Als ich dann aufs Podium stieg, entschuldigte sich der Laudator dafür – überrascht und verlegen. Von dort blickte ich auf ein Publikum, das sich hauptsächlich aus meinen männlichen Kollegen zusammensetzte; ich kam mir vor wie eine Angeklagte, die schließlich freigesprochen worden war. Da oben wollte ich den Triumph hinausschreien: Seht! Meine Arbeit hat gesiegt, nicht mein Geschlecht! Aber ich sagte nichts.

Glaubenssätze zu ändern, ist viel, viel schwieriger, als man denkt. Nie hatte ich geahnt, dass ich einer solchen männlichen Indoktrination so wenig entgegenzusetzen hatte, dass ich es vorziehen würde, mich selbst zu vernichten, damit ich nur ja nicht aus der Menschheit hinausfiel.

Der Gedanke an Suizid lauerte viele Jahre in meinem Kopf. Jahrelang kämpfte ich gegen ihn an. Schwäche war mir verhasst. Ich musste doch schon allein für jenen Tag am Leben bleiben, der ganz sicher kommen würde – für jenen Tag, an dem ich meine Tochter wiedersehen sollte.

Stattdessen kam der Tag, an dem ich mich in diesem Kampf ergab. Die Verwandlung meiner wahren Natur, angetrieben durch die Gender Bias Society, war vollzogen: Ich war zu der zweimal Geschiedenen, zu der schuldigen Mutter, zu der fragwürdigen Frau geworden, als die man mich hingestellt hatte. Diese Deutung meiner Person hatte meine eigene Stimme übertönt.

An diesem Punkt stand für mich fest: Alle Verfehlungen in meinem Leben, die Qualen meines Kindes, meine eigenen, das Leiden meiner Ehepartner und meiner engsten Familie, waren einzig und allein die unglückliche Summe meiner falschen Entscheidungen. Und der Urheber dieser Entscheide bestand lediglich in einer Partei, und das war ich. Unterm Strich hieß das: Ich war schuld, kein anderer war dafür verantwortlich, nicht die Umstände und nicht die Gesellschaft.

In den letzten Stunden eines Frühlingsabends 2001, gerade fünfunddreißig Jahre alt, deponierte ich ein Blatt Papier auf meinen Schreibtisch, an dem ich seit dem frühen Morgen an den Entwürfen für Buchumschläge saß. Ich hatte einen Abschiedsbrief geschrieben. Ich beschloss, ihn genau dort auf dem Schreibtisch zu lassen, mich auf meinem Bett auszustrecken und die Tabletten zu schlucken, deren finale Wirksamkeit ich über Monate der Recherche sichergestellt hatte. Mich schlafen zu legen und nie wieder aufzuwachen.

Ich hatte mich vergewissert, dass die Medikamentenkombination mich einschläfern und ich dadurch zu einem schmerzlosen Tod gelangen würde. Ich fürchtete Schmerz und Überlebenskampf, und natürlich fürchtete ich mich vor meiner eigenen Schwäche und meinem Zweifel.

Diesen Abschiedsbrief habe ich bis heute.

Damals war ich von den großartigen Romanen des US-amerikanischen Schriftstellers Kurt Vonnegut beeinflusst, ich war ein Fan seiner Bücher und von seinem schwarzen Humor fasziniert. Erst kurz zuvor hatte ich die Cover für die Übersetzungen seiner beiden Bücher *Mutter Nacht* und *Schlachthof 5* entworfen.

So begann ich meinen Abschiedsbrief:

»Ich (vollständiger Name, Geburtsdatum) bestrafe mich streng, indem ich mich selbst töte. Ich habe mir und dem Leben meines Kindes Unrecht angetan, indem ich falsche Wege und Entscheidungen im Leben gewählt habe. Ich habe mich selbst verraten, niemand sonst. Daher erkläre ich mich selbst in meinem persönlichen Gericht als Richter für schuldig und verurteile mich zum Tode. Das Urteil tritt mit diesem Moment in Kraft.

PS 1: Ich entschuldige mich bei Herrn Vonnegut für dieses offensichtliche Plagiat. Und das, obwohl wir das Urheberrecht in Iran nicht als Gesetz anerkennen.

PS 2: Im Anhang befindet sich der Name der Datei, die den Entwurf für die Todesanzeige und das Grabsteindesign auf meinem Computer enthält.«

Unnötig zu erwähnen, dass das Urteil nicht vollstreckt wurde. Tatsächlich verdanke ich mein Leben dem lieben verstorbenen Mr. Kurt Vonnegut, denn nachdem ich diese Notiz geschrieben und erneut gelesen hatte, musste ich lachen – fortan war ich zutiefst von der Sinnlosigkeit des Selbstmords überzeugt.

Zudem sollte ich recht behalten, und sieben Jahre nach meiner ersten Scheidung kam der Tag, an dem ich meine Tochter wiedersehen konnte. Sie war zwölf, war größer geworden und hatte sich verändert. Auch ich war nicht mehr dieselbe. Das wunderbare und ergreifende an unserem Wiedersehen war, wie schnell und einfach wir wieder zu Mutter und Tochter wurden. Ganz so, als wären wir nie getrennt gewesen, all die Jahre fortgewischt mit einem Wimpernschlag.

Heute bin ich Mitte fünfzig, nach wie vor lebendig – vor allem aber fühle ich mich wie eine Mittefünfzigjährige. Alle Jahre, die meinem dreißigsten Geburtstag folgten, hatte ich versucht, mein biologisches mit meinem emotionalen Alter in Einklang zu bringen, und anscheinend ist es mir zu guter Letzt tatsächlich gelungen. Heute bin ich der ruhigste, zufriedenste Mensch auf Erden. Im Frieden mit mir. Und bereit, allen zu antworten, die fragen, wie ich so viele offensichtliche Fehler in meinem Leben machen konnte. Heute weiß ich, dass ich – wenn eines Tages eine alleinstehende, unabhängige Frau in Iran nicht mehr automatisch als verworfene Frau, als Prostituierte gilt – eine kleine Rolle in diesem Prozess gespielt haben werde.

Wenn eine Scheidung nichts Verdammenswertes mehr ist, was einer Frau zur Last gelegt wird; wenn der Wunsch von Frauen nach einem unabhängigen Leben jenseits des Hauses ihrer Väter oder Ehemänner als natürlich gewertet werden wird; wenn eine Wiederverheiratung oder das Zusammenleben der Geschlechter ohne Trauschein zur Selbstverständlichkeit geworden ist – dann wird der Augenblick da sein, in dem ich mir nützlich vorkommen werde. Selbst wenn mein Anteil an dieser Entwicklung ein winzig kleiner ist und ich teuer dafür bezahlt habe, mit enormen Einbußen an Seelenheil und beruflichem Prestige. Dabei war und ist mein Beruf mein inneres Kapital. Er hält immer noch die Glieder meines Lebens zusammen, eins nach dem anderen, wie eine starke Rosenkranzkette, Perle für Perle.

Wie gern möchte ich glauben, dass ich meinen kleinen Beitrag zu den großen Veränderungen geleistet habe.

Denn freier von manchen Fesseln sind Iranerinnen inzwischen zu sozialen Aktivistinnen geworden. Heute werden sie weniger auf die reine Erfüllung ihrer traditionell weiblichen Pflichten reduziert als meine Generation. Sie denken jetzt vernehmbar über allgemeine Menschenrechte nach, über Minderheitenrechte, Kinderrechte, Frauenrechte, LGBT-Rechte, über das Recht auf Kleidungsfreiheit, Meinungsfreiheit, Umwelt, Gemeinwohl, Demokratie und Selbstbestimmungsrecht. Und besonders wichtig: Sie haben die iranische #MeToo-Bewegung begründet.

Dafür riskieren sie sogar ihren gesellschaftlichen Ruf, ihre Freiheit, ihre Gesundheit, selbst ihr Leben. Immer noch müssen sie sich gegen eine versteinerte, männlich regierte Welt zur Wehr setzen, die sich nach wie vor keinen Deut von ihrer Machtlinie wegbewegen will. Der Unterschied zwischen den jungen Iranerinnen von heute und mir und meiner Generation besteht darin, dass die junge Generation sich wenigstens nicht mehr jeden Tag in ständigen Gefechten mit ihren Männern, Vätern, Brüdern, Kollegen, Arbeitgebern und Fremden auf der Straße aufreiben. Und selbst wenn sie sich nicht immer erfolgreich wehren können, sind sie doch weit erfolgreicher als wir Frauen vor ihnen.

Auf vielen Ebenen der patriarchalischen iranischen Gesellschaft werden Iraner und Iranerinnen noch Korrekturen durchsetzen müssen. Der Aufstieg ist noch lang und steil, aber erste Schritte sind gemacht. Und keine Kraft kann den Gang mehr umkehren. Ich bin stolz auf mich, weil ich eine der ersten Wanderinnen auf diesem felsigen Weg war. Bei all den Verlusten und Gewinnen habe ich es geschafft, den Lauf der Zeit in die verkehrte Richtung zu berichtigen. Heute bin ich in dem Alter angekommen, das ich laut meiner Geburtsurkunde habe, und ich bin glücklich.

Iranerin sein

Jedes Mal wenn ich mich in diesen Tagen hinsetzen wollte, um über meine Gefühle zu schreiben, wurden mein Herz und meine Seele von einem Sturm der Traurigkeit und Angst überfallen. Wahrscheinlich ist es schwer vorstellbar, in welchem Zustand ich mich befinde: unfähig, mich zu konzentrieren, im andauernden Alarmzustand, traurig und wütend zugleich, schlaflos, begierig nach jeder Nachricht, die ich bekommen kann. Das Land steht in Flammen, mein Geist und mein Herz tun es auch.

Es kommt mir sinnlos vor, es ist mir sogar peinlich, über meine persönlichen Empfindungen zu sprechen, wo jede weitere Nachricht von Mord, Verhaftung und der Trauer der Angehörigen so sehr schmerzt.

Vor mehr als zwei Monaten hat das iranische Volk den Ring der Angst und der Lügen gesprengt, den das islamische Terrorregime seit mehr als vier Jahrzehnten um dieses Land gezogen hat. In all den Jahren hat es seine Energie darauf konzentriert, das Volk zu spalten: in jene, die dazugehören, und die, die nicht dazugehören. Einen Keil getrieben, zwischen ethnische Gruppen, zwischen die Religionen, eine Aufspaltung der Menschen – angefeuert von Propaganda und Ideologie. Und vor allem eine Spaltung in Frauen und Männer.

Bis zum Tag der Ermordung von Jina Mahsa Amini schien das als eine ziemlich erfolgreiche Strategie aufzugehen, doch plötzlich gerieten die Gleichungen des Regimes durcheinander: Nach 43 Jahren zerfiel die Grenze zwischen den Geschlechtern genauso wie all die anderen künstlichen Grenzen, die das Regime geschaffen hatte. Die Mauer der Lügen bröckelte. Als Iranerin in ihren Fünfzigern hätte ich niemals damit gerechnet, dass die antifeministische Mauer, die meine Teenager- und Jugendjahre verdunkelt hat, so schnell zusammenbrechen würde.

Von den ersten Tagen der Gründung der Islamischen Republik 1979 an kämpfte ich wie viele andere Iranerinnen gegen das Leitbild der »idealen islamischen Frau«, das uns das Regime mit der Scharia und mit demütigenden, brutalen Methoden aufzwang. In all diesen Jahren haben mir die meisten Männer dabei nicht geholfen, manchmal haben sie sich mir sogar in den Weg gestellt. Auch den westlichen Leserinnen und Lesern dieser Zeilen dürften solche Geschlechterkonflikte nicht gänzlich unbekannt sein. Und trotzdem hat in der patriarchal geprägten Gesellschaft in Iran, bei Männern genauso wie bei Frauen, ein Bewusstseinswandel stattgefunden, der nun zu einer geschlechterübergreifenden Solidarität geführt hat. Seit mehr als sechzig Tagen riskiert die große Mehrheit der iranischen Bevölkerung beiderlei Geschlechts, Schulter an Schulter, ihre Freiheit und ihr Leben mutig auf der Straße. Mich bewegt das sehr.

Als vor 43 Jahren das Tragen des Hidschab Gesetz wurde, war ich eine Teenagerin. Seit meinem sechsten Lebensjahr hatte ich mit Jungen und Mädchen gemeinsam die Schule besucht. Die neue Regelung bedeutete nicht nur, dass ich und die anderen Mädchen nun ein Stück Stoff auf dem Kopf tragen mussten, sondern dass Mädchen und Jungs plötzlich voneinander separiert wurden. Das Regime wollte Angst erzeugen: bei den Mädchen und Frauen Angst vor der aggressiven männlichen Sexualität. Bei Jungs und Männern Angst vor der latenten weiblichen Verführungsgefahr.

Meine Generation hat sich nie an die Trennung der beiden Geschlechter gewöhnt. In jenen Jahren waren wir vorsichtig, sobald wir Geburtstagsfeiern oder außerschulische Veranstaltungen besuchten, an der Jungen und Mädchen teilnahmen. Wir verhüllten die Fenster, damit uns kein Licht und kein Lärm verriet, aus Furcht vor den »Revolutionskomitees«, die sich später Sittenpolizei nannten und durch die Stadt patrouillierten.

Als Studentinnen durften wir fortan nicht offen mit unseren männlichen Kommilitonen sprechen. Zweimal wurde ich auf der Straße verhaftet. Einmal wurde ich zu vierzig Peitschenhieben verurteilt, weil ich den Hidschab nicht richtig trug. Dreimal wurde ich vor das Disziplinarkomitee der Fakultät der Bildenden Künste in Teheran geladen, weil ich mich nicht wie eine anständige muslimische Studentin verhielt. Man drohte mir mit dem Ausschluss von der Universität, und ich musste mich schriftlich verpflichten, nicht mehr mit meinen Kommilitonen zu sprechen, geschweige denn, in unserer Freizeit in leeren Klassenzimmern gegenseitig für Skizzen zu posieren. Wir durften nicht am selben Tisch in der Mensa essen, keine Kontakte auf dem Campus knüpfen, uns auch nicht außerhalb der Uni in einem Park treffen.

Ich studierte vier Jahre lang, ich wollte lernen, zeichnen, zusammen mit Mädchen und Jungen. Ich habe nie verstanden, was daran falsch war. Und ich habe es nie akzeptiert.

Die Aktmodelle in den Kursen waren allesamt männlich und bekleidet. Erst mit 36, auf einer Spanienreise zu einer Freundin, die Professorin für Malerei in Barcelona ist, saß ich zum ersten Mal vor einem weiblichen Aktmodell, aber ich war unfähig, sie zu zeichnen. Was nicht an ihren Kurven lag, sondern daran, dass es uns so lange verwehrt war, die Reinheit und Unschuld eines nackten Menschen, frei von sexuellen Gedanken, zu sehen und darzustellen.

Ich heiratete, wurde Mutter, ließ mich scheiden und verlor das Sorgerecht für mein sechsjähriges Kind. Sieben Jahre lang durfte ich meine Tochter nicht sehen, das wurde mir verwehrt, obwohl ich offiziell das Recht gehabt hätte, sie alle zwei Wochen zu besuchen. An den Gerichten sprachen Mullahs das Recht zugunsten der Männer. Man betrog mich um meine Mutterschaft und ihre Kindheit; meine Tochter betrog man um ihre Mutter.

Ich lebe in einer kleinen Stadt, wo ich meine alte Mutter pflege, weit weg von meiner Heimat Teheran. Trotz meines Drangs, an den Demonstrationen teilzunehmen, scheue ich wegen meiner Mutter das Risiko, auf der Straße verhaftet oder getötet zu werden. Vor ein paar Wochen fuhr ich dennoch für ein paar Tage nach Teheran. Ging morgens und abends zu den Plätzen Teherans, auf denen sich die Menschen versammelten, um gegen die Brutalität des Regimes zu protestieren. Ich bin kein mutiger Mensch, ganz und gar nicht. Jedes Mal wenn ich an einer Reihe schwarz gekleideter, maskierter, mit Schlagstöcken und Paintball-Pistolen bewaffneten Einsatzkräften vorbeikam, begann ich zu zittern. Und doch ließ ich das Kopftuch auf die Schultern gleiten. Hocherhobenen Kinns vermied ich es, in die kalten, harten Augen der Polizisten zu schauen. Skandierten Demonstranten »Frau, Leben, Freiheit«, stimmte ich ein. Als die Polizisten losstürmten, rannte ich mit den anderen weg, um den Schlagstöcken zu entkommen. Später schloss ich mich einer Gruppe an, die gerade dem Tränengas entflohen war, und brüllte mit ihnen: »Tod dem Diktator!« Bei alldem fragte ich mich, wie es sein konnte, dass meine Angst die Gewalt überwand.

Lag es daran, dass vor meinen Augen Männer und Frauen einander unterstützten, unabhängig von ihrem Geschlecht? Ein Mädchen nahm das Kopftuch ab, stellte sich auf einen Mülleimer, ließ es in der Luft kreisen, »Freiheit« schreiend – und junge Männer deckten sie dabei. Was ich in diesen wenigen Tagen sah, hatte ich in den vier Jahrzehnten meines Lebens im islamischen Regime weder gesehen noch gespürt: Solidarität von Männern mit Frauen. In diesen Tagen war ich mir sicher, dass die Mauer der Ungleichheit zwischen den Geschlechtern, die das Regime hochgezogen hat, keinen Bestand haben wird, so wie ich mir sicher war, dass die scheinbar einsamen Alltagsanstrengungen von mir und anderen Frauen nicht vergebens gewesen sind.

Unter dem islamischen Regime verloren wir Iranerinnen das Sorgerecht für unsere Kinder. Das Recht auf Scheidung. Wir dürfen keine hohen Ämter in Politik und Justiz bekleiden. Unser Recht auf Bildung und Arbeit liegt in den Händen der Ehemänner. Ohne Erlaubnis des Vaters oder Ehemanns dürfen wir nicht reisen. Nicht singen oder tanzen. Wir bekommen vom Familienerbe nur halb so viel wie die Männer. Unsere Aussagen vor Gericht sind nur die Hälfte wert. Kurzum: Im islamischen Regime ist unser Leben gerade mal halb so viel wert wie das eines Mannes.

Der Hidschab ist für mich das Symbol dafür, dass Frauen als menschliche Wesen ignoriert werden, dass man sie zur Ware degradiert. Deshalb habe ich bei jeder Gelegenheit gegen die Kleidervorschrift verstoßen. Den langen Umhang, der auf dem Körper wie ein schwerer Wintermantel lastet, legte ich schon vor Jahren ab. Ich nahm das Tuch aus dem Haar, obwohl das hieß, dass die Sittenpolizei mich schlagen würde. Der islamische Hidschab ist ein Symbol der Islamischen Republik und deren religiöser Obrigkeit. Der Widerstand gegen den Hidschab ist der Widerstand gegen die Legitimität eines terroristischen Systems, das auf dem politischen Islam beruht.

Vor der Ermordung von Mahsa Amini und dem Beginn der jüngsten Bewegung wurde ich, auch von meinen intellektuellen männlichen Freunden, mit Hohn und Spott bedacht: »Unsere Gesellschaft hat wichtigere Probleme als das Recht auf freie Kleidung und die Frauenrechte. Anstatt das Kopftuch abzulegen, solltest du das Regime ernsthaft bekämpfen.« Diesen Satz hörte ich oft, vor allem von Männern, auch von einfachen Menschen auf der Straße. Meine Antwort, damals wie heute: Die Verwirklichung eines jeden Rechts, ob es nun groß oder klein erscheint, steht weder im Widerspruch zur Verwirklichung anderer Rechte, noch stellt es ein Hindernis auf dem Weg dorthin dar. Es ist eine Geste, eine einsame, aber kontinuierliche Anstrengung, die sich vervielfacht und schließlich, wie wir sehen, ein starkes Fundament zu schaffen vermag.

Die Beteiligung vieler Männer an dieser revolutionären Bewegung gab mir die Hoffnung zurück. Die Mauer zwischen den beiden Geschlechtern wird bald schwinden. Wir sind ein unteilbares Volk. Seit über hundert Jahren streben wir nach Freiheit. Wir haben uns immer vorwärts bewegt, selbst wenn alle gegen uns waren. Die iranischen Frauen begannen damals, für ihre Rechte einzutreten, sie waren die Initialzündung für diese Bewegung heute. Wir sind dabei, das »Ende der Theokratie« einzuläuten und die Region in eine friedliche Zukunft zu führen. Das iranische Volk und das frauenfeindliche Regime sind zwei Realitäten, die nichts miteinander gemein haben. Deswegen fordern wir, das iranische Volk, was wir schon seit mehr als hundert Jahren anstreben: Freiheit und Demokratie. Wir werden mit den lebenspendenden Kräften der Frauen, die das Rad des Universums schon immer in Gang gesetzt haben, die Freiheit willkommen heißen.

Meine Freiheit bewahren

Von meinem dritten bis zu meinem achtzehnten Lebensjahr wuchs ich in einem Haus außerhalb der Stadt auf.
Vor einem halben Jahrhundert, während der Herrschaft
der Pahlevi-Dynastie, war Teheran sehr viel kleiner als
heute, es gab jedoch im Umland zahlreiche Vororte, die
heute alle an die Stadt angebunden sind und Teheran in
eine riesige Metropole mit über zehn Millionen Einwohnern verwandelt haben. Unser Haus stand in einem
dieser Vororte nordöstlich von Teheran, nahe den Aus-
läufern des Elburs-Gebirges und den Feldern und Obst-
plantagen der umliegenden Dörfer. Schulen, Geschäfte,
Krankenhäuser, Parks – alles, was normalerweise zu einer
Großstadt gehört – lagen mehrere Kilometer entfernt
und waren nur mit dem Auto erreichbar. In den ersten
Jahren gab es noch keine Stromversorgung, und wir be-
nutzten Generatoren, die mit Benzin betrieben wurden.
Wir hatten weder Telefon noch fließendes Wasser, sondern nur einen Tank auf dem Dach, der mit Wasser aus
dem Brunnen gefüllt wurde. Die Familie meiner Mutter,
die ein komfortables Leben in der Innenstadt von Teheran

führte, mokierte sich deshalb über die Entscheidung meines Vaters, auf dem Land zu leben, und bemitleidete meine Mutter.

Mir dagegen erschien das weitläufige einstöckige Ziegelhaus mit einem Garten, in dem sich auch ein kleiner Swimmingpool befand und in dessen Nachbarschaft nur zwei weitere Wohnhäuser standen, wie meine eigene verwunschene Insel. Wenn ich das Gartentor aufstieß, lag vor mir nichts als ein weites offenes Feld. Irgendwo am Horizont konnte ich die Umrisse einiger einstöckiger Häuser ausmachen, die etwa so groß wie Streichholzschachteln waren und für mich in unerreichbarer Ferne lagen. Anders als in der dichtbebauten Stadt konnte ich um unser Haus herumgehen, weil es weder von anderen Häusern noch von Straßen umgeben war. Es stand auf einer Ebene, die sich bis zu den Bergen erstreckte.

Auf dieser Insel gehörten mir nicht nur das Land und die Berge, sondern auch alles andere, was dort zu finden war: kleine Kiesel und große Steine, Dornenbüsche, Gräser und wilde Feldblumen, Grashüpfer, Schmetterlinge, Ameisen, glänzende blaue und schwarze Käfer, entlaufene Welpen, Eidechsen, Tauben, Sperlinge und Krähen. Jeden Tag machte ich mich auf, um dieses weite Land zu erkunden. Ich gab vor, eine Abenteurerin oder Archäologin zu sein. Mit gesenktem Kopf suchte ich den Boden nach versteinerten Pflanzen oder Tieren ab, nach Tonscherben, farbigen Mosaiksteinen oder Metallstücken. Gelegentlich fand ich einen Metallknopf, eine bunte Glasscherbe oder sogar eine rostige Münze und dachte mir für diese Relikte aus alter Zeit eine Geschichte aus. Ich hoffte inständig, eines Tages eine alte Flasche zu finden, in der eine zusammengerollte Botschaft steckte. An manchen Tagen war ich Botanikerin oder Zoologin. Als Anschauungsobjekte fing ich Grashüpfer oder Käfer in einer Schachtel, untersuchte ihre Anatomie und ließ sie anschließend wieder frei. Auch die verschiedenen Dornenranken, Blumen und Pflanzen waren eine willkommene Anregung für meine Fantasie. Im Winter, wenn der Schnee Land und Berge, Gestrüpp und Gehölz mit einer dicken flauschigen Decke überzog und kilometerweit nichts als Weiß zu sehen war, bereitete es mir besonderes Vergnügen, die ersten und einzigen Fußspuren im Schnee zu hinterlassen. Ich stellte mir vor, eine einsame Entdeckerin auf dem Weg zum Nord- oder Südpol zu sein.

Ob Sommer, Frühling, Herbst oder Winter, ich verbrachte meine einsamen Stunden am liebsten damit, auf Feldern herumzustreunen, in eine neue Rolle zu schlüpfen und mit mir selbst zu reden. Manchmal war ich so in Gedanken versunken, dass ich kaum bemerkte, wie weit ich mich von unserem Haus entfernt hatte. Dann erschienen mir die weiten Felder plötzlich bedrohlich, und ich lief rasch heim, wo meine Mutter mit vorwurfsvollem Blick auf mich wartete. Meine zwei Brüder gingen damals schon zur Schule, mein Vater war bei der Arbeit, deshalb waren meine Mutter und ich bis zum Nachmittag allein zu Hause. Meine Angewohnheit, durch die umliegenden Felder zu streifen, behielt ich noch viele Jahre bei.

In dieser Zeit entwickelten sich meine Liebe und mein Respekt für die Natur. Als Teenagerin war ich so begeistert von den Wundern der Berge, Wälder und Seen, dass ich bei ihrem Anblick in Tränen ausbrechen wollte. Einen Falken im Flug zu sehen oder zu hören, wie eine Schar Krähen flügelschlagend über den Feldern aufstieg, der Untergang der Sonne und das Aufgehen des Mondes, nichts davon erschien mir selbstverständlich. Immer wieder war ich von neuem überrascht, und das bin ich noch heute.

Bei jedem Wanderausflug und jeder Bergtour, in Iran oder anderswo, betrachtete ich sehnsüchtig all die Fleck-chen unberührter Natur und stellte mir vor, wie es wäre, dort eine Hütte zu bauen. Und schließlich, nachdem ich diesen unerreichbar scheinenden Traum schon fast auf-gegeben hatte, kam ich in den Besitz eines kleinen Stücks Natur: Inmitten eines Waldgebiets in Nordiran, weit entfernt von Städten und Menschen, baute ich mir ein kleines, einfaches Haus mit Garten und fühlte mich erleichtert.

Jahrelang waren die Liebe zur Natur und das Bedürf-nis nach Abgeschiedenheit für mich eng miteinander verwoben, ich vermochte sie kaum voneinander zu tren-nen. Heute, nachdem ich bereits zehn Jahre in meinem Traumhaus lebe, das mir wie ein Stück vom Paradies er-scheint, habe ich erkannt, dass ich die Natur zwar noch mehr genieße als erwartet, der Wunsch nach Zurückge-zogenheit aber nicht unbedingt eine zwingende Folge davon ist. Fälschlicherweise hatte ich angenommen, dass das Bestreben, mich von der Betriebsamkeit der Stadt und den Menschen zurückzuziehen, meinem abenteuerlustigen Geist entspräche.

Heute weiß ich, dass das Hauptmotiv für meinen Rückzug darin bestand, der politisierten Atmosphäre zu entkommen, die in Teheran und jeder anderen Stadt in Iran vorherrscht. Im Grunde ist mir die Flucht vor den Menschen und Städten aufgezwungen worden.

Seit 44 Jahren sind wir Iraner und Iranerinnen jeden einzelnen Tag und bei allem, was wir tun, von der Politik bestimmt gewesen, willentlich oder unwillentlich. Seit der Hidschab Pflicht ist, wird vorgeschrieben, welche Kleidung ich trage, die Regierung übt Zensur aus, setzt rote Linien für meine berufliche Tätigkeit und verändert das Gesicht der Stadt, das von Propaganda geprägt ist. Die wirtschaftlichen und finanziellen Einschränkungen, die Beziehungen der Geschlechter und unterschiedlichen Religionen, die Auswahl an Lebensmitteln und Getränken und selbst die verschmutzte Luft, die wir einatmen, sind das Ergebnis der antinationalen Politik dieses theokratischen Regimes.

Wir sind Gefangene dieser Politik, mit jeder Zelle unseres Seins. Ob es um simple Dinge wie eine Anschaffung, eine Reise oder um die komplexeren Fragen des Lebens geht – Studieren oder Arbeiten, eine Familie gründen oder nicht –, bei jeder Entscheidung für die Zukunft sind wir darauf angewiesen, eine sorgfältige Analyse der politischen Beziehungen zwischen Iran und der restlichen

Welt vorzunehmen und die internationale Presse zu verfolgen.

Iranerinnen und Iraner kennen sich mit dem US-Kongress besser aus als die meisten Amerikaner. Wir informieren uns auch über die Debatten in der israelischen Innenpolitik, denn sie beeinflusst die Außenpolitik Israels, die für uns gefährlich werden kann. Wir versuchen, uns über die europäischen Regierungen auf dem Laufenden zu halten, in denen linke und rechte, grüne und extremistische Parteien miteinander konkurrieren. Wir sind uns der sozialen und politischen Spannungen bewusst, die in der Türkei, in Syrien und im Irak herrschen. Wir analysieren regelmäßig die Faktoren, die Einfluss auf den Wechselkurs des Rial haben können. Wir verfolgen die Situation der Frauen in Afghanistan und der Menschen in der Ukraine mit Trauer und Wut und die aktuellen Entwicklungen in Russland, Nordkorea und Venezuela mit Aufmerksamkeit. Und wir sind erschöpft und müde angesichts all dieser Konflikte.

Heute begreife ich, dass ich mein Leben lang von einer Situation in die nächste geflüchtet bin. Aus dem Haus meiner Kindheit in das Leben als verheiratete Frau. Aus der Ehe ins Singledasein. Von der Mutterschaft in die Kinderlosigkeit. Aus meiner Stadt auf einen anderen Kontinent. Von dort in ein kleines Dorf. Bis ich mich schließlich, nach vielen Jahren, zum ersten Mal in meinem Leben niederlassen und zur Ruhe kommen konnte, indem ich den Hauptgrund für diese vielen Fluchten erkannt und akzeptiert habe. Ich habe akzeptiert, dass die

Politik und ihre Einmischung in jedes noch so kleine Detail unseres Lebens unser unausweichliches Schicksal ist und eine Veränderung allein uns davon nicht erlösen kann. Aber das Leben an einem abgeschiedenen Ort erlaubt es einem zumindest, die wütende Nachrichtenflut von sich fernzuhalten, solange man sein abgelegenes Domizil mit Garten nicht verlässt und bewusst darauf verzichtet, sich zu informieren.

Ich fand dieses kleine Stück Land und die bescheidene Backsteinhütte mit zwei Zimmern, die in der Nähe eines kleinen Dorfes mit nur wenigen Bewohnern im grünen Norden des Iran liegt. Das war ein Glücksfall, und ich bin unendlich dankbar, dass ich dazu in der Lage war, es zu kaufen. Für den Preis, den ich für das Grundstück bezahlte, hätte ich in Teheran knapp drei Quadratmeter eines Apartments erwerben können.

Auch beruflich wollte ich mich unabhängiger von den Kunden aus der Verlagsbranche machen, für die ich als Grafikerin Buchumschläge entwarf. Ich wollte zur Selbstversorgerin werden und pflanzte mehrere Zitrusbäume, um die Früchte verkaufen zu können. Außerdem für mich noch Gurken, Tomaten und Bohnen. Ich informierte mich ausgiebig über Pilzzucht, um ein zusätzliches Einkommen zu haben, und lernte, wie man Brot backt. Ich schraubte meine Ansprüche herunter. Die Zimmer sind so klein, dass ich gar keinen Platz für Möbel habe, und in der Küche gibt es weder die übliche Anrichte noch Regale, in denen ich elektrische Geräte und Utensilien verstauen könnte. Wenn man inmitten der Natur lebt, ist es nicht nötig, mehrere Paar Schuhe oder formelle Kleidung zu besitzen. Meine Arbeitskleidung und meine Gummistiefel ersetze ich erst, wenn sie abgetragen und zerschlissen sind. Ausgaben für Besuche, Nahverkehr, Reisen und Miete entfallen ebenfalls. Der einzige womöglich schädliche Luxus, auf den ich keinesfalls verzichten kann, sind Kaffee und Zigaretten und natürlich Katzen- und gelegentlich auch Hundefutter. Abgesehen von den Tieren, die bei mir leben, kümmere ich mich immer auch um einige Streuner, die hungrig oder krank sind.

Indem ich meinen Konsum derart reduzierte, stutzte ich mein früheres Leben in der Stadt, das einem großen belaubten Baum glich, zu einem kleinen übersichtlichen Busch zusammen.

Die nächste Stadt ist etwa acht Kilometer von meinem Wohnort entfernt, mit meinem kleinen Auto brauche ich dafür zwanzig Minuten und fahre zuerst über eine kurze unbefestigte Piste, bis ich die asphaltierte Straße erreiche. Es ist eine hübsche kleine Stadt, in der mildes Klima mit vielen Regentagen herrscht.

Das Städtchen mit seinen knapp 100 000 Einwohnern erinnert mich sehr an Zürich – wo ich einige Jahre gelebt habe –, nur in kleineren Dimensionen. Inmitten der Stadt liegt ein natürlicher See, der von Möwen und Enten bevölkert wird. Um den See herum erstreckt sich ein weitläufiges Parkgelände, und darüber erhebt sich ein bewaldeter Berg. Wenn die hohe Luftfeuchtigkeit und der

Nebel es zulassen, kann man in der Ferne die schneebedeckten Gipfel des Elburs-Gebirges ausmachen.

In der Stadt erledige ich meine Besorgungen oder besuche eines der zahlreichen Cafés, um das WLAN zu nutzen und mit jungen Leuten zusammenzukommen. Ich genieße den Kontakt zu einer Generation, die ich, wegen meiner Zeit in Zürich, nicht habe aufwachsen sehen. Ihre Intelligenz und Hoffnung, ihr drängender Wunsch nach politischer Veränderung sorgen für lebhafte Gespräche. Ich bilde mir ein, dass es auch für sie interessant ist, sich mit einer Frau mittleren Alters zu unterhalten, die sich dafür entschieden hat, allein im Wald zu leben anstatt in der Metropole Teheran, wovon viele von ihnen vermutlich träumen. Dieses gegenseitige Interesse schafft die Grundlage für unsere Unterhaltungen.

Derartige Begegnungen sind für mich sehr wertvoll. Seit ich hier lebe, ist mir der Austausch mit diesen jungen Leuten eine große Hilfe gewesen, um meine Sehnsucht nach den wenigen übrig gebliebenen Freunden und Verwandten in Teheran und den vielen, die in den vergangenen vierzig Jahren emigriert sind, zu lindern. Obwohl ich eigentlich schon lange geübt darin bin, meine Freunde zu vermissen. Als ich in die Schweiz emigrierte, fiel es mir schwer, mit meinem Heimweh umzugehen, und nachdem ich nach Iran zurückgekehrt war, vermisste ich die neu gewonnenen Freunde in Europa. Dank der konstanten Übung habe ich bis jetzt überlebt.

Im benachbarten Dorf leben nicht mehr als dreißig Menschen. Als ich hierherkam, spürte ich, dass diese

Nachbarn mich seltsam fanden. Für sie war es nur schwer nachzuvollziehen, wie eine Frau aus der Stadt dazu kam, alleine in einer Hütte zu leben, die sie selbst für unbewohnbar hielten. Deshalb war es anfangs schwierig für mich, mich einzugewöhnen und den Frieden zu finden, den ich suchte. Ich vermied den direkten Kontakt mit den Dorfbewohnern so gut ich konnte, und nur wenn ich Hilfe bei der Gartenarbeit oder bei Reparaturen am Haus brauchte, engagierte ich Männer und gelegentlich auch Frauen aus dem Dorf. Die meisten Reparaturen, Renovierungsarbeiten und Anbauten am Haus erledigte ich selbst.

Ich brachte mir bei, wie man mit Zement, Gips und Holz arbeitet, indem ich es einfach ausprobierte und mir dabei einige Schrammen zuzog. Später musste ich viele dieser Reparaturen von professionellen Handwerkern nachbessern lassen. Man könnte sagen, dass meine Vorstellungen zu idealistisch, naiv und romantisch waren, was genauso für die Selbstversorgung zutrifft, die ich nie vollständig verwirklichen konnte. Das machte mir klar, dass nur jahrelange Praxis, Beharrlichkeit und ein Problembewusstsein zum Erfolg führt, egal, um welche Art von Arbeit es sich handelt. Gemüse anzubauen, selbst wenn es nur einen selbst ernähren soll, ist schwieriger, als man denkt. Deshalb arbeite ich immer noch als Grafikerin, um meinen Lebensunterhalt zu sichern, muss mich mit meinen Kunden aber glücklicherweise nur noch per Internet verständigen.

Von den gelegentlichen Besuchen und Unterhaltungen mit Dorfbewohnern abgesehen, waren es vor allem die Kinder, die mich meinen Nachbarn näherbrachten und ihre Bedenken zerstreuten. Als ich hierherkam, gab es im Dorf nur acht Jungen und Mädchen, die zwischen zwei und elf Jahre alt waren. Jedes Mal wenn ich in die Stadt zum Einkaufen fuhr, brachte ich auch Süßigkeiten und Kekse mit, und wenn ich auf dem Rückweg durch das Dorf kam, hielt ich am Platz, wo die Kinder seil-sprangen oder Ball spielten, und bot ihnen etwas davon an. Zuerst lehnten sie schüchtern ab und wagten es nicht, sich mir zu nähern. Ich gab nicht auf, aber es dau-erte eine ganze Weile, bis mir eines Tages alle acht Kin-der fröhlich entgegenrannten, sobald sie mein Auto er-späht hatten. Die Eltern, die in der Nähe waren, dankten mir und lächelten. Ich entschuldigte mich bei ihnen da-für, dass ich ihren Kindern Süßigkeiten gegeben hatte, ohne sie vorher zu fragen, und bat höflich um Erlaubnis für das nächste Mal.

Die Freundschaft zwischen mir und den Kindern ging so weit, dass gelegentlich ein Grüppchen von ihnen vorbei-kam, um mich zu besuchen und sich neugierig in mei-nen Zimmern umzusehen, Gegenstände und Bücher zu betrachten und mir unzählige Fragen zu stellen. Natür-lich waren die Katzen und manchmal auch ein Hund eine zusätzliche Attraktion. Ich vermute, die Geschich-ten, die die Kinder über mich und mein Haus erzähl-ten, konnten ihre Eltern davon überzeugen, dass diese sonderbare Nachbarin eigentlich war wie sie, einmal abgesehen von ihrem Beruf, ihren Hobbys und Aktivitäten; vielleicht ein bisschen verrückt, aber harmlos.

Die Skepsis, die meine neuen Nachbarn meinem Lebensstil entgegenbrachten, war nichts im Vergleich zu den Bedenken, die meine Familie und meine engen Freunde hegten: Meine Mutter, meine Tochter, einige andere nahe Verwandte und Freunde beobachteten meinen Umzug mit Neugier, Zweifel und manche auch mit einem Anflug von Spott. Mir war klar, dass sie erwarteten, ich würde über kurz oder lang mit eingezogenem Schwanz nach Teheran zurückkehren und zugeben, dass meine unsinnigen romantischen Träume sich als Fehlschlag erwiesen hatten.

Die meisten meiner Freunde verstanden jedoch bald, dass der Umzug nicht nur eine Marotte oder eine weitere Flucht vor mir selbst war. Ich verbringe gern Zeit mit ihnen, wenn ihr geschäftiges Leben in Teheran es zulässt, dass sie mich übers Wochenende besuchen, besonders im Frühling oder Sommer.

Meine Tochter Abi brauchte an die zehn Jahre, um mein neues Leben zu akzeptieren. Sie kam erst selten, dann etwas häufiger zu Besuch und sah sich die Veränderungen in Haus und Garten an. Langsam schwand ihr Widerstand. Als sie zum ersten Mal einen Freund mitbrachte, erkannte ich, dass sie mit meiner Entscheidung, den Rest meines Lebens hier zu verbringen, ihren Frieden gemacht hatte. Meine Erscheinung und mein Haus waren ihr nicht länger peinlich. Ich glaube, seit sie sich in Teheran ihr eigenes Leben aufgebaut hat, mit Arbeit und Freunden, und sich jeden Tag mit den Schwierigkeiten auseinandersetzen muss, die einer unabhängigen Frau in der Stadt begegnen, versteht sie besser, warum ich geflohen bin. Seitdem respektiert sie meine Entscheidung.

Meine Mutter war eine größere Herausforderung. Nichts konnte sie davon abbringen zu glauben, dass nur sie allein wusste, was für mich das Richtige war. Zwar war sie froh, dass ich nicht mehr ständig umziehen musste und nun die glückliche Besitzerin eines Hauses war. Doch als Städterin, die das lebhafte Getriebe von Teheran immer genossen hatte und wegen der Entscheidung meines Vaters viele Jahre auf die Vorzüge und den Komfort des Stadtlebens hatte verzichten müssen, konnte sie meine Entscheidung nicht gutheißen.

Ich hatte dafür Verständnis. Sie war allein, mein Vater schon vor langer Zeit gestorben, meine zwei Brüder bereits Jahre zuvor nach Amerika und Kanada emigriert. Als die einzige Tochter und das einzige ihrer Kinder, das noch in Iran lebt, hatte ich nicht das Familienleben geführt, das sie sich vorstellte, und nun wohnte ich nicht mal mehr in derselben Stadt wie sie und meine Tochter. Meine Mutter hatte sich nichts mehr gewünscht, als dass ihre drei Kinder ein normales, glückliches Leben in Teheran führten, mit ihren Familien und Kindern, und sie jederzeit zu Besuch kommen und sich an ihren Enkeln erfreuen könnte. Keiner von uns hat ihr diesen Wunsch erfüllt. Die Revolution, der Krieg und die Politik haben für uns entschieden. Meine Brüder waren noch Teenager, als der Iran-Irak-Krieg vor über dreißig Jahren begann und sie dazu zwang, das Land zu verlassen. Zur Enttäuschung meiner Mutter leben beide seitdem auf der anderen Seite der Erde, sind alleinstehend und haben keine Kinder. Mein älterer Bruder ist mit der Musik und dem Schachspiel verheiratet und der mittlere mit den Sozialwissenschaften.

Auch ich war eine alleinstehende Frau und ebenfalls außerhalb ihrer Reichweite. Ihre einzige Enkelin, meine Tochter Abi, war nicht länger ein niedliches kleines Mädchen, sondern eine junge Frau, die sich unabhängig von ihrer Großmutter in der umtriebigen Metropole Teheran ein Leben aufbaute.

Abgesehen davon, dass sie daran gescheitert war, ganz »normale« Kinder zu haben, vermute ich, dass meine Mutter in ihrer Ehe nicht besonders glücklich gewesen ist, auch wenn sie meinen Vater sehr liebte und respektierte. Er war nicht gerade ein vorbildlicher Ehemann, auch wenn sie das niemals laut aussprechen würde.

Mein Vater, der zu früh gestorben ist, mit gerade mal sechzig Jahren und auf dem Höhepunkt seiner Karriere als selbstständiger Übersetzer und Autor, verfolgte seine ehrgeizigen Träume und Ziele mit Leidenschaft und Energie, und meine Mutter geriet dabei ins Hintertreffen.

Bevor er im Zuge der Islamischen Revolution von 1979 beschuldigt wurde, ein linker Dissident zu sein, keine Arbeit mehr bekam und es schwer hatte, unseren

Lebensunterhalt zu verdienen, war er als Journalist erfolgreich gewesen. Weil er fließend Englisch sprach, was in seiner Jugend noch eine Seltenheit war, bekam er viele Jobangebote. Er arbeitete im Auftrag der iranischen Nachrichtenagentur für *Pars Press*, damals eine wichtige Zeitung mit hoher Auflage, für einen staatlichen Radiosender und für mehrere Literatur- und Musikmagazine. Außerdem stand er damals bei privaten Studios unter Vertrag, um für das iranische Fernsehen englische Filme und Serien zu synchronisieren, rezensierte die Aufführungen in der Talar-e Rudaki – dem Konzert- und Opernhaus von Teheran – und übersetzte politische oder sozialwissenschaftliche Bücher.

Zu Hause sahen wir Vater nur selten. Er war auch dafür verantwortlich, die Morgennachrichten zu übersetzen, deshalb musste er die Nacht im Büro der Nachrichtenagentur verbringen und von dort aus direkt zu den anderen Redaktionen rennen, für die er arbeitete. Es blieb nicht genug Zeit, zwischendurch nach Hause zu fahren, weil wir außerhalb der Stadt wohnten, also kam er nur alle zwei Tage und schlief dann mehrere Stunden.

Mein Vater faszinierte mich. Ich wartete stets ungeduldig darauf, dass er aufwachte. Er war leidenschaftlich, laut, gefühlvoll und lustig. In den wenigen Stunden zu Hause spielte er Geige mit meinem ältesten Bruder, der Cello und Klavier am Teheraner Konservatorium studierte, oder er saß auf der Bank im Garten, immer mit einem Glas Tee in der Hand und einer Zigarette im Mundwinkel, und erzählte uns, was sich in der Welt ereignet hatte, denn er erfuhr schließlich alles aus erster Hand. Meinem mittleren Bruder, der sich als Kind für Astronomie, Chemie und Mathematik interessierte, berichtete er von den neuesten wissenschaftlichen Erkenntnissen, bevor die Zeitungen darüber schrieben, und ging dabei so begeistert ins Detail, als hätte er vergessen, dass er mit einem Kind sprach. Meine Mutter wartete geduldig, bis er fertig war, um ihn über alltägliche Dinge zu informieren, was eingekauft, repariert oder ersetzt werden musste, Kleidung, Schuhe oder Bücher und Schulmaterialien für mich und meine Brüder. Sie bat ihn, zu einer Versammlung in unserer Schule zu gehen, erinnerte ihn an aufgeschobene Besuche oder Einladungen zu Partys und sprach von all den anderen Dingen, die eine junge Mutter in einem einsamen Vorort vermisste.

Die Zeit war immer zu kurz. Vater stob ins Haus wie ein kleiner warmer Tornado, wirbelte uns fröhlich mit sich herum und verschwand nach zwei Tagen ebenso schnell, wie er gekommen war.

Heute kann ich verstehen, dass diese Jahre für meine Mutter frustrierend waren. Die Entscheidungen, die mein idealistischer Vater traf, konnte sie nur halbherzig akzeptieren, während ich als Kind, das keinerlei Verantwortung trug, die Vorlieben und Leidenschaften meines Vaters in mich aufsog und mich unbewusst von der langweiligen Normalität meiner Mutter distanzierte.

Die Ähnlichkeit zwischen mir und meinem Vater zeigt sich in den Entscheidungen, die ich für mein Leben getroffen habe, und ist der Grund dafür, dass meine Mutter und ich uns immer fremd geblieben sind. Doch vor drei Jahren, als sie sich einen Wirbelsäulenschaden zuzog und daher nicht mehr allein in ihrem komfortablen kleinen Apartment mitten in Teheran leben konnte, blieb ihr keine andere Wahl, als zu mir zu ziehen.

Als die sorgende Tochter, die sie an ihren rebellischen Ehemann erinnert, kann ich vielleicht irgendwann etwas Dankbarkeit von ihr erwarten. Um die langen Abwesenheiten meines Vaters wiedergutzumachen, kümmere ich mich um all ihre Bedürfnisse, bin immer an ihrer Seite und hoffe, ihr so die Versöhnung mit meinem Vater und damit auch mit mir zu erleichtern. Indem ich mein Haus zu einem möglichst angenehmen Ort mache, hoffe ich, dass sie einsehen wird, dass es eine gute Idee sein kann, an einem abgeschiedenen Ort zu leben, und dass sie ihren Frieden mit den Entscheidungen machen wird, die mein Vater in der Vergangenheit getroffen hat. Obwohl meine Mutter mir bisher kaum Dankbarkeit gezeigt hat, wünsche ich mir, dass sie irgendwann auf mich und damit auch auf meinen Vater stolz sein kann und es mir gelingt, ihr zu beweisen, dass echte Veränderungen nur von rastlosen Seelen wie meinem Vater verwirklicht werden können.

Meinen Enthusiasmus und mein Optimismus, die ich mir mein Leben lang erhalten habe, selbst in Zeiten und an Orten, die nur wenig Hoffnung boten, verdanke ich ebenfalls dem leidenschaftlichen Naturell meines Vaters.

Um mich für diese Gabe zu bedanken, will ich zumindest versuchen, die Mission zu erfüllen, für die ihm nicht mehr genug Zeit blieb, und will meiner Mutter eine gute Gefährtin sein.

Womöglich verleiht mir der Wunsch, dass sie ihren Frieden findet, die Kraft, der Tatsache ins Auge zu sehen, dass mein ungebundenes Leben nun zu Ende ist und ich für jemand anderen verantwortlich bin, so lange es eben nötig ist. Schon oft hatte ich das Gefühl, dass ich nicht mehr die Tochter bin, sondern mittlerweile selbst die Mutterrolle einnehme.

Ich wünsche mir, weiterhin in der Natur leben zu können, und ich habe mir vorgenommen, wieder verstärkt kreativ und künstlerisch zu arbeiten und scheinbar unerreichbare Ziele zu verfolgen. Wenn es mir gelingt, die losen Fäden miteinander zu verknüpfen, wird es mir auch gelingen, mein Herz zu öffnen und meine Mutter mehr zu lieben und zu akzeptieren, welche Rolle ich dazu auch immer einnehmen muss.

Schließlich habe ich schon als Kind in meiner Fantasie ständig die Rollen gewechselt, wenn ich lange Spaziergänge auf den Feldern unternahm. Wenn ich mich zu weit von zu Hause entfernt hatte, lief ich rasch zurück, und meine Mutter war immer da und erwartete mich. Jetzt ist es an mir, für sie da zu sein, ob sie mir nun dankbar dafür ist oder nicht.

Das Leben in Iran hat mich gelehrt, jeden Tag mit neuem Mut zu beginnen. Ich habe mich stets bemüht, aus den

Konventionen auszubrechen und für meine Tochter die Mutter zu werden, die ich selbst gern gehabt hätte. Eine verantwortungsvolle, mutige, risikobereite und liebevolle Frau, die sich vor Veränderungen nicht scheut und unermüdlich nach einem Leben in Freiheit strebt. Mehr kann man sich nicht erhoffen.

For the sake of the rising sun,
After the long dark night,
For the sake of women, life, freedom,
For the sake of normality and peace.

BARAYE, SHERVIN HAJIPOUR

ALS ICH VOR JAHREN NACH IRAN ZURÜCKKEHRTE

Meine Fenster zur Welt

Ich habe zwei Fenster, das heißt, meine Wohnung hat zwei Fenster. Eines geht nach Süden, das andere nach Norden. Wenn ich am Morgen aufwache, meine beste Tageszeit übrigens, setze ich mich mit einer Tasse Kaffee und einer glimmenden Zigarette vor das große fünfflüglige Fenster meines Schlafzimmers, das sich nach Süden hin auf einen kleinen Hof öffnet. Dort stehen zwei Kakibäume, ein Apfelbaum, zwei Feigenbäume und ein Granatapfelstrauch, die jetzt im Winter kein Laub tragen. Außerdem hat der Hof ein kleines Becken mit blauen Kacheln, aus dem in dieser Jahreszeit aus Furcht vor Vereisung das Wasser abgelassen worden ist.

Jeden Morgen, wenn ich aufgestanden bin, nehme ich Hirsekörner und trockenes Brot und werfe beides auf die Fliesen im Hof, dorthin, wohin ich aus dem Fenster sehen kann. (Wir Iraner werfen Brot nicht weg, sondern bewahren die Reste sorgsam auf, weil wir überzeugt sind, dass Brot ein Segen der Erde ist; wir geben es entweder den Vögeln oder umherziehenden Brotsammlern, die es für das Vieh im Tausch gegen Salz in allen Teilen der

Stadt einsammeln.) Nach und nach kommen die Vögel herbei und picken wachsam die Krümel auf. Es sind Spatzen und kleine, bläulich graue Turteltauben. Im Herbst, als der Kakibaum noch Früchte trug, kamen außerdem zwei fruchtfressende Vogelarten, die ich in Teheran, der Stadt der Spatzen, Tauben und Krähen, noch nie gesehen hatte.

Der Wettstreit der Spatzen und Tauben um die Krümel gehört zu den sehenswerten Ereignissen meiner ruhigen Morgen. Eine Tasse Kaffee und eine Zigarette, danach noch einige Tassen Tee, bis die Krümel aufgezehrt sind und die Vögel davonfliegen.

Doch die morgendliche Stille und meine Seelenruhe werden allmählich von den Geräuschen aus dem Fenster auf der Nordseite meiner kleinen Wohnung gestört. Durch das Nordfenster dringen nämlich der Lärm vorbeirasender Mopeds, gelegentlich auch der Alarm parkender Autos, ausgelöst durch die unabsichtliche Berührung eines Vorbeigehenden, die Stimmen weiterer Passanten, die laut in ihre Mobiltelefone sprechen, oder das Geplauder von Kindern auf dem Weg zur Schule. Außerdem erinnern mich die Rufe der Straßenhändler und die anderen Geräusche einer überfüllten, hektischen Großstadt daran, dass ich in Teheran lebe. Sie erinnern mich daran, dass ich vom Südfenster meiner Wohnung zum Nordfenster gehen muss, wo mein Schreibtisch steht, dass ich in passender Aufmachung arbeiten muss, wie es sich für eine Bewohnerin dieser Metropole gehört, und daran, dass ich meine Aufträge erledigen muss, die allerdings vorhanden sein müssten, damit ich sie erledigen könnte: zum Beispiel Grafiken für Buchumschläge. Layouts für Poster von Theaterstücken, Konzerten und Filmen. Umschläge für Musikalben.

Die Gestaltung von Grafiken für kulturelle Produktionen, die in Teheran eingefroren sind, ist meine einzige Einnahmequelle. Ich nenne mich eine kulturelle Tagelöhnerin, einen Kuli. Ich bin keine Künstlerin, sondern eine technische Arbeiterin.

In den kulturellen Bereich bin ich durch eine Kombination aus Zufällen und Wahl gekommen. Ich entwerfe Buchumschläge für Romane, Gedichte, philosophische Schriften, Literatur sowie Plakate für Theateraufführungen und Konzerte. Normalerweise wird mir die Arbeit von Verlegern, Regisseuren oder Programmgestaltern angetragen, doch im Moment ist das nur selten der Fall. In der Ära des Präsidenten Chatami (1997–2005) war das anders, da hatten die Grafiker noch reichlich zu tun. Jetzt aber verstauben die Bücher der Verleger in der langen Schlange bei der Zensurbehörde des *Erschad*, des Ministeriums für islamische Führung und Kultur, während sie auf eine Druckerlaubnis warten. Die Theaterleute geraten ins Schwitzen, wenn sie durch Lektorat und Manipulation ihrer Stücke versuchen, sie der Klinge der Zensur unversehrt zu entreißen. Und die verschlungenen Wege der Filme und Drehbücher sind ein Thema für sich.

Es sind so viele Konzerte und Theaterstücke am Ende

abgesetzt worden, dass kein Künstler mehr bereit ist, ein Programm zu bestreiten, an dem staatliche Institutionen beteiligt sind; und beinahe jeder Theater- oder Konzert-salon in Teheran ist auf die eine oder andere Art mit Regierungsstellen verbunden. Schließlich muss man bei den Ministerien eine Spielgenehmigung einholen, und wenn man nicht auf der Hut ist, kann es einem passieren, dass sie ein Konzert oder Theaterstück, das man unter großen Mühen aus eigener Tasche bezahlt und selbst zur Aufführung gebracht hat, für sich requirieren. Dann ist man vor den eigenen Landsleuten blamiert, die in den Monaten nach der umstrittenen Präsidentschaftswahl am 12. Juni 2009 verprügelt, inhaftiert oder getötet worden sind.

Daher ist es besser, vorläufig nichts zu tun. Und so verweigern sich die meisten iranischen Künstler – eine Art Boykott. Glücklicherweise kann man noch immer niemanden dazu zwingen, ein künstlerisches Programm aufzuführen.

Ein Buch zu verlegen, ist ebenfalls eine komplizierte Angelegenheit. Bücher sind das kritischste Printmedium in diesem Land – nach den Zeitungen, von denen eine um die andere verboten und deren Produzenten verhaftet oder in die Arbeitslosigkeit getrieben worden sind. Für jedes Buch muss zunächst das Manuskript bei der Zensurbehörde des *Erschad*-Ministeriums eingereicht werden. Dort lesen es eine Reihe Leute Zeile für Zeile und durchlöchern es mit ihren erbarmungslosen und besessenen Stiften.

Man stelle sich nur einmal die Schlange der auf Genehmigung wartenden Bücher vor. Der gebeutelte Verleger wird ein ums andere Mal vorgeladen, um eine Zeile, einen Absatz oder gar ein ganzes Kapitel heraus-zuschneiden und fortzuwerfen. Nicht selten verzichten der verzweifelte Autor und sein Verleger am Ende gar ganz darauf, das verstümmelte Buch zu veröffentlichen, oder sie warten, wie zurzeit wegen der Flaute, ab, was sich im Land sonst noch ereignet.

So kommt es, dass ein Glied dieser Kette der Verlags-industrie, eine Coverdesignerin wie ich, lange auf einen Auftrag warten muss, um sich ihr täglich Brot zu verdie-nen – was ihr nicht mal immer gelingt.

Trotz dieser widrigen Umstände gehe ich schließlich und setze mich an meinen Schreibtisch – mit dem Rücken zum nördlichen Fenster. Dieses hat einen Vorhang und ist, im Gegensatz zu dem meines Schlafzimmers, immer verschlossen. Weil meine Wohnung jedoch genau im Zentrum Teherans liegt, kann ich an den Tagen, an de-nen die Menschen aus Protest gegen die Vorfälle nach der Wahl im Juni 2009 demonstrieren, dennoch einen Teil des Geschehens durch dieses Fenster hören und, wenn ich den Vorhang beiseiteschiebe, auch sehen.

So kann ich den Motorenlärm und die ohrenbe-täubenden Sirenen der großen schwarzen oder weißen Polizeifahrzeuge hören, ich kann Revolutionsgarden und aggressive Motorradfahrer in Zivil sehen, maskierte Spe-zialgarden der Polizei in schwarzer Montur mit Schil-den und Knüppeln, Soldaten in grün gemusterten Tarnanzügen, die Geräusche patrouillierender Polizeihubschrauber kann ich vernehmen und die Menschen beobachten, die vorsichtig und einzeln, zu zweit oder zu dritt »spazieren« gehen – wir jedoch erkennen sie und wissen, weshalb sie an diesem Tag auf der Straße sind. Frauen und Männer, Jugendliche und Menschen mittleren Alters in bequemer Kleidung, mit Sportschuhen oder flachen Halbschuhen (die sich zum Laufen eignen), mit Taschen, deren Trageriemen sie gekreuzt über die Schulter gehängt haben (damit sie sie nicht bei der Flucht behindern), und die an warmen Tagen Wasserflaschen bei sich haben.

Die grünen Symbole der Protestbewegung sind noch nicht zu sehen. Die zeigen sie erst, wenn sie sich versammelt haben – wozu nachlässige Augenblicke der Polizeikräfte genutzt werden – und kurz und effizient ihre Parolen rufen. Dann ziehen sie ihre Ärmel ein wenig hoch, um das Zeichen »V« für Victory zu machen und ihre grünen Armbänder zu zeigen, öffnen die Knöpfe ihrer Jacken und lassen ihre grünen Hemden und Blusen darunter hervorschauen. Sie ziehen grüne Schals aus ihren Taschen und schwenken sie über ihren Köpfen, wenn sie alle gemeinsam »Tod dem Diktator« skandieren.

In diesen Tagen dringt durch das nördliche Fenster außerdem der Geruch von Tränengas in meine kleine Wohnung. Die Schritte der »grünen« Jugendlichen und Frauen sind zu hören, wenn sie verfolgt werden und fliehen, und ihre Warnungen an diejenigen, die ihnen entgegenkommen: »Lauft weg, die Polizisten haben uns angegriffen, die Bassidschi prügeln, die Zivilen verhaften …«

Die Wohnungstüren in meiner Gasse werden geöffnet, um die Flüchtenden hereinzulassen, damit sie Papierschnitzel anzünden und sie sich unter die Nase halten können, bis sich das vom Tränengas verursachte Brennen und die Übelkeit legen und sie auf die Straße zurückkehren können.

Aber auch die ohrenbetäubenden Geräusche der riesengroßen Motorräder der Zivilen und der Bassidschi, der paramilitärischen Miliz Irans, und das Stampfen der bestiefelten Gardisten zusammen mit ihren Schreien bei der Verfolgung der Menschen dringen durch dieses Fenster an mein Ohr. Und sogar mein Herz höre ich klopfen an diesem nördlichen Fenster.

Sobald die Geräusche der Straße abebben, beginnen meine Tochter und ich, über den Festnetzanschluss und über unsere Mobiltelefone Nummern zu wählen, um uns nach unseren Freunden zu erkundigen, von denen wir wissen oder vermuten, dass sie an diesem Tohuwabohu teilgenommen haben. Und obwohl die Mobiltelefone an solchen Tagen oft vom städtischen Fernmeldeamt abgeschaltet werden, finden wir immer einen Weg, etwas in Erfahrung zu bringen.

Nicht zuletzt habe ich jedoch auch ein weiteres Fenster, das weder Vorhänge hat noch auf einen Hof voller Bäume führt und das weder nach Norden noch nach Süden zeigt. Ich meine das Fenster meines Computers, das den Blick auf Hunderte iranischer Websites und Blogs eröffnet, die in Zeiten der Straßenkämpfe angesichts fehlender regierungsunabhängiger Zeitungen und Nachrichtenagenturen immer wichtiger werden, allerdings wegen der extrem langsamen Verbindung und der unzähligen Sperren und Filter der Regierung langsam und nur dank der emsigen Arbeit junger Sperrenbrecher überhaupt zu lesen sind.

Durch dieses Fenster bin ich mit Zehntausenden anderen Fenstern in meiner Stadt und in Iran verbunden, und zwischen den Zeilen ihrer binären digitalen Texte höre ich das Herzklopfen meiner Landsleute, von denen jeder Einzelne ein Berichterstatter seiner Gasse ist. Und Teheran hat viele Gassen. Gassen voller Apartments und Häuser, die alle Fenster haben, und hinter all diesen Fenstern stehen Menschen, deren Herzen hoffnungsvoll schlagen. Für den Wandel. Für die Freiheit.

Im Auge des Vulkans

Das Leben in Teheran ist nicht grundsätzlich anders als das in jeder ruhigen, ordentlichen und bis ins Detail durchorganisierten westlichen Stadt.

Auch hier wacht man morgens auf, trinkt und isst etwas oder auch nicht, widmet sich irgendeiner Arbeit für den Lebensunterhalt oder ist pensioniert. Auch hier studiert man, wenn man jung ist, oder tut es nicht, obwohl man jung ist, ruht sich abends zu Hause aus oder besucht jemanden, isst und trinkt etwas am Abend oder auch nicht, legt sich nach all den Tagesstunden, gleich ob erfolgreich oder erfolglos verbracht, zur Ruhe, löscht sein Bewusstsein aus und versinkt in einen Traum, losgelöst davon, wo man ist.

Seit Teherans Gründung hat es in der Stadt noch nie eine durchdachte Infrastruktur gegeben, und wenn inzwischen Projekte in dieser Hinsicht bestehen, so sind sie entweder noch nicht umgesetzt worden oder auf halbem Wege. Und nicht selten ändert sich ihre Richtung mitten in der Planung.

Folglich ist die Stadt ungenügend organisiert, und es bleibt einem nichts anderes übrig, als abzuwarten, welche

Entscheidungen der nächste Wirtschaftsminister und Wohnbauminister zur Korrektur der unvollendeten oder unsachgemäß durchgeführten Pläne ihrer Vorgänger treffen werden. Dabei nehmen sie diese in den meisten Fällen nicht am Punkt des Abbruchs wieder auf, sondern verwerfen sie völlig, um mit einem neuen Plan zu beginnen und damit ihrerseits den nächsten ergebnislosen Teufelskreis in Gang zu setzen.

Doch auch hier in Teheran finden die emsigen Bewohner, wie in jeder anderen Metropole im Westen, schließlich eine Möglichkeit, um ihre Ziele zu erreichen, und zwar auf den verschlungenen bürokratischen Wegen der Stadt, seien diese zuweilen noch so komplex oder indirekt, noch so chaotisch oder unzuverlässig.

Wenn man das überfüllte, mürrische und lärmende Teheran einmal aus der Perspektive eines Nichtteheraners betrachtet, wundert man sich, dass die Stadt bei der andauernden Hektik nicht zusammenbricht.

Möglich ist dies nur, weil die Bewohner der Tausenden von Häusern oder Apartments, von Wolkenkratzern oder Mietshäusern inmitten von Autos, Lastwagen und Schaufelladern, von Bussen und U-Bahn-Tunneln, alten Kiefern und Platanen mit ihren Spatzen und Krähen mit einer unglaublichen Disziplin fieberhaft darum bemüht sind, über die Runden zu kommen. Meist sind sie hektisch und überreizt, denn sie sind ständig gezwungen, die Richtung zu wechseln, als schwämmen sie in einem tosenden Fluss, der durch eine kurvenreiche Schlucht stürzt, über spitze Felsen hinweg.

So besteht der wesentliche Unterschied zwischen Teheran und einer Stadt im wohlgeordneten und disziplinierten Westen in der flussähnlichen Natur dieser Metropole, während man die europäischen Städte eher mit einem stillen See vergleichen könnte.

Trotz all dieser Schwierigkeiten liegt der Vorzug von Teheran darin, dass es einem hier nie an Antriebsenergie mangelt. Manchmal wird man von seinem Platz fortgetrieben und in eine fremde Ecke geschleudert, wobei man aber schnell Energie zur Gegenwehr entwickelt und seinen Weg von diesem Punkt aus fortsetzen kann, ohne sich auf der neuen Route zu verirren. So entwickeln die Menschen in Teheran von Tag zu Tag neue Strategien, um mit den unvorhersehbaren Umwegen zurechtzukommen. Etwas, das in einer westlichen Stadt, in der alle Wege markiert sind und deren Bewohner ihre Projekte Monate im Voraus planen, beinah unmöglich ist.

In Teheran wird einem nie langweilig. Sitzt man an einem Tag ruhig zu Hause und weiß nicht, was man mit der Zeit anfangen soll, ist das kein Grund zur Unruhe, weil es gut möglich ist, dass eine Freundin auf einen Sprung zu Besuch kommt – etwas, das in dieser Stadt glücklicherweise selbst ohne mehrere telefonische oder elektronische Verabredungen und das Durchblättern des Terminkalenders noch immer geschieht, wenn auch oft nur auf eine Tasse Tee. Selbst wenn die Freundin erschöpft, gereizt und völlig verzweifelt sein sollte, baut es einen auf, sie zu sehen.

Und das ist nun tatsächlich der Fall, als eine Freundin von mir spontan vorbeikommt. Eigentlich zieht sie gerade um, aus einer kleinen Wohnung in eine noch kleinere; die Ärmste verlangt keine Hilfe, sondern will einfach nur erzählen, wie verzweifelt sie ist, weil die Unwägbarkeiten dieser Stadt sie plötzlich übermannt haben.

Denken Sie nicht, dass es in Teheran keine geplanten Umzüge gebe oder dass seine Bewohner nicht organisieren könnten. Auch hier laufen Suche und Wahl eines Apartments, Vertragsschließung und Kautionszahlung sowie schließlich der Umzug selbst mehr oder minder wie überall auf der Welt ab; es sind die unvorhersehbaren – meist politisch bedingten – wirtschaftlichen Umstände, die einen planmäßigen, reibungslosen Ablauf verhindern. Das ist der Unterschied zwischen Teheran und den westlichen Städten.

Der Vermieter, in dessen Wohnung meine Freundin einziehen will, hatte versprochen, sie ihr zum vereinbarten Zeitpunkt geräumt und besenrein zu übergeben, ist diesem Versprechen aber nicht nachgekommen. Derweil gibt es für ihre eigene Wohnung, die sie demnach noch nicht räumen konnte, einen neuen Mieter, der seinerseits auf den Einzug wartet. Die Verkettung von Mietern, Vermietern und Nachmietern kann in Teheran mitunter sehr kompliziert sein.

Meine Freundin kann sich unterdessen nicht mal einen Tee kochen, weil sie ihren Gasherd zusammen mit all ihren anderen Habseligkeiten verpackt und für den Abtransport bereit gemacht hat, und aus Scham vor ihrem alten Vermieter, der sie ständig anruft und ermahnt, die

Wohnung endlich zu räumen, hat sie schon so viele Zigaretten geraucht, dass ihr Mund ganz bitter geworden ist.

Ihre Tochter kann nicht mehr für die Schule lernen, weil ihre Bücher in einem Karton verschlossen sind, der gemäß der Planung rechtzeitig vor den Prüfungen am Ende des Schuljahrs hätte ausgepackt werden sollen – wenn nur alles nach Plan verlaufen wäre.

Nun weiß meine Freundin nicht, was tun; weder ist ihre neue Wohnung bezugsfertig noch bringen sie oder ihr jetziger Vermieter und der neue Mieter die nötige Geduld auf, einen Ausweg aus der verfahrenen Situation zu suchen.

Während meine Freundin nicht weiß, was sie an diesem Abend ohne Bettzeug tun soll, das ebenfalls eingepackt ist, weiß ihr neuer Vermieter nicht, was er ihr sagen soll, besonders weil sie die Miete, Kaution und Vermittlungsgebühr des Immobilienmaklers pünktlich und vollständig bezahlt hat. Denn der bisherige Mieter konnte die Wohnung nicht fristgerecht räumen, weil er selbst mit den Unwägbarkeiten eines anderen ratlosen Vermieters konfrontiert ist, der vermutlich in einer vergleichbaren Klemme mit seinem derzeitigen Mieter steckt ...

Der Schlüssel zu einem Ausweg aus dieser Endloskette von Vermietern und Mietern ist das Geld. Und zwar bares Geld. Banknoten. Zumal in Zeiten, in denen auf Schecks und Schuldverschreibungen kein Verlass ist. Also jene farbigen, rechteckigen Scheine, die das Gesicht eines politisch-religiösen Führers sowie in den Ecken, oben und unten, Ziffern tragen, umgekehrt und schräg gegeneinander versetzt.

Papier, das von den Händen des Mieters in die Hände des Vermieters und dann in die des ehemaligen Mieters gelangen muss, der es wiederum seinem neuen Vermieter aushändigen muss und so weiter. Und das alles, damit die Menschen unter einem Dach Tee trinken, lernen, arbeiten und schlafen können.

Papier, von dem man, wenn man ein wenig darüber nachdenkt, feststellt, dass es für sich genommen zu nichts nutze ist. Weder kann man es essen, wenn man hungrig ist, noch kann man mit ihm wie mit Backsteinen vier Wände errichten, noch kann man es anziehen oder in es einsteigen, damit es einen an irgendein Ziel bringt. Vielleicht könnte man mit ihm an einem Ort ohne Dach und Essen ein Feuer entfachen, um sich zu wärmen, doch auch hier würde es höchstens zum Anzünden reichen.

Es ist die schier unendliche Kette all dieser Papiere, die in diesem in ökonomischer Hinsicht nach wie vor etwas feudalen Teheran zu einem unüberwindbaren Hindernis wird, wenn beim Anmieten eines Apartments nur ein einziges Glied fehlt. Das Geld wird zu einem Klotz am Bein, der einen an Ort und Stelle festnagelt oder einen kopfüber stürzen lässt, wenn man einen Schritt zu machen versucht.

In Iran verlangen die Vermieter für das Anmieten einer Immobilie als jährliches Pfand einen gewissen Betrag, dessen westliche Entsprechung wahrscheinlich die Kaution ist. Doch während die Kaution aus ein bis maximal drei Monatsmieten besteht, ist der Betrag des Pfands in Iran meist sehr hoch, in etwa ein Fünftel bis zu einem

Viertel des Kaufwerts der betreffenden Immobilie. Auf diese Weise hat der Vermieter die Möglichkeit, durch Investition des Pfandbetrages daran zu verdienen. Allgemein wird dieser Gewinn mit dreißig Prozent berechnet.

Angenommen, ein siebzig bis achtzig Quadratmeter großes Apartment kostet in Teheran 150 Millionen Tuman – ungefähr 150 000 Dollar –, so beträgt die mit dem Mieter auszuhandelnde Summe der jährlichen und monatlichen Pfandleistung etwa um die 30 Millionen Tuman pro Jahr. Wie viel von diesen insgesamt 30 000 Dollar Pfand bei Einzug bezahlt werden muss, handelt der Mieter mit dem Vermieter aus. Aus der verbleibenden Summe ergibt sich die Monatsmiete, die der Mieter im Gegensatz zum Pfand bei Auszug nicht zurückerhält. Die dreißig Prozent hypothetischer Zinsgewinn, die der Vermieter an dem nicht gleich bei Einzug gezahlten Teil der Pfandsumme nicht verdient, weil er ihn nicht anlegen kann, werden dabei auf den Mieter umgelegt und auf die Miete draufgeschlagen.

Wenn man es genau betrachtet, werden diese jährlich steigenden Pfandleistungen für jede Immobilie dieser Stadt nicht in den Produktions- oder Investitionsprozess eingespeist und – zumindest in den meisten Fällen – auch nicht ausgegeben. Sie wandern lediglich von Hand zu Hand, von einem Vermieter zum nächsten.

Diese Beträge bleiben gegen einen zwar geringen, aber sicheren und konservativen Zinssatz von maximal 14 bis 15 Prozent ein Jahr oder länger auf dem Bankkonto liegen und erzeugen in diesem monostrukturellen

Erdöl fördernden Land eine Inflation, weil die Banken sie meist ebenfalls nicht in die Industrie investieren.

Oft fallen diese Summen jedoch gegen einen höheren Zinssatz, der bis zu vierzig Prozent beträgt, in die Hände von Basarhändlern, die das Geld für einen anlegen – allerdings mit dem Risiko des vollständigen oder teilweisen Verlusts im Falle ihres Bankrotts; meist investieren diese Händler dabei ebenfalls in Immobiliengeschäfte, nicht aber in die Produktion oder in Exporte.

Früher benutzte die Bevölkerung für ihre Transaktionen oft Schecks, die in diesem Land ohne Kreditkarten einer Art An- und Verkauf auf Kredit mit festgesetzter Laufzeit gleichkamen; den Statistiken der iranischen Zentralbank zufolge war jedoch im Jahr 2009, im fünften Jahr der Präsidentschaft von Ahmadinedschad, einer von zehn Schecks nicht gedeckt. So waren nach den Berechnungen der Zentralbank in diesem Jahr auf dem iranischen Binnenmarkt insgesamt mehr als fünf Millionen Schecks im geschätzten Wert von 23 Millionen Dollar ohne Deckung. Infolgedessen ist das Misstrauen der Bevölkerung gegen den bargeldlosen Zahlungsverkehr gestiegen, mithin ein Grund für die Verzögerungen innerhalb der Kette von Vermietern und Mietern.

Ich werde hier nicht weiter auf die ökonomischen Details eingehen, weil ich sie weder verstehe noch erklären kann, sondern beschränke mich auf die Feststellung, dass der Rückgang bargeldloser Geschäfte zur Erlahmung des Handels und der einheimischen Wirtschaft und damit zur Stagnation der Importe und Exporte geführt hat, und diese ist ihrerseits die Ursache für die steigende Arbeitslosigkeit, die wiederum der wichtigste Grund für die Inflation ist. Vom Braindrain und der zunehmenden Auswanderung der Akademiker will ich gar nicht erst anfangen.

Die Wirtschaftsfachleute der neunten und zehnten Regierung haben in diesen fünf Jahren unter Leitung ihres Präsidenten Ahmadinedschad, des Herrn Doktors, alles, was ihre Vorgänger erdacht hatten, mit ihren bizarren, teils religiös-ideologischen, teils ökonomischen Plänen vernichtet. Ein Beispiel dafür ist etwa die Abkehr von der vereinbarten Winter- und Sommerzeit, die in den meisten Ländern zur Stromeinsparung eingesetzt wird, unter dem Vorwand, diese Festsetzung sei unreligiös und westlich und die Zeitverschiebung würde die Gläubigen verwirren, deren Gebete unbedingt während des naturgegebenen Sonnenauf- und -untergangs stattfinden müssen. Die Abstrusität dieser Argumentation sowie die erheblichen finanziellen Schäden infolge der Änderung wurden bereits im ersten Jahr ersichtlich, worauf Letztere kurzerhand rückgängig gemacht wurde, diesmal aber still und leise. Für die Schäden musste natürlich die Bevölkerung aufkommen.

An anderer Stelle beschlossen die Herren einen Racheakt gegen die imperialistischen USA – den Großen Satan –, den sie in die Knie zwingen wollten, indem sie die gesamten nationalen Devisenreserven, die sich aus Dollar und Euros zusammensetzten, in Euro wechselten. Und während in allen anderen Ländern der Welt die Devisenreserven öffentlich einsehbar sind, kennt in Iran niemand den exakten Betrag, der in eine Währung umgetauscht wurde, die sich noch nicht bewiesen und die mittlerweile erheblich an Wert eingebüßt hat. So lautstark und beinah bettelnd unabhängige iranische Wirtschaftsexperten vor dieser Maßnahme gewarnt hatten, die Regierung schenkte ihnen keinerlei Beachtung, weshalb die Devisenreserven nach dem Wertverfall des Euros gegenüber dem Dollar einen Wertschwund von dreißig bis vierzig Prozent hinnehmen mussten. Auch diesmal musste die Bevölkerung für die Schäden aufkommen.

Im Zuge ihrer populistischen Maßnahmen investierte die Regierung unter Ahmadinedschad, scheinbar zur Förderung des Wohlstands der Bevölkerung, in ungebremste Importe aus Ländern wie China, unter anderem gar in Kräuter und essbare Agrarprodukte, die in ausreichendem Maße im Inland produziert wurden, vielleicht allerdings zu höheren Preisen. Immerhin konnte damals noch von einer hiesigen Landwirtschaft gesprochen werden. Heutzutage können die iranischen Landwirte dagegen nicht mit den importierten chinesischen Produkten konkurrieren, weshalb die hiesige Landwirtschaft inzwischen brachliegt. Und wieder muss für die Schäden die Bevölkerung aufkommen.

Zu den ökonomischen Großtaten zählen des Weiteren die enormen, teils unbezifferten und zinslosen, meist politisch motivierten Investitionen in Ländern wie Venezuela, dem Sudan und Zimbabwe, die nicht nur dem Ruf Irans schadeten, sondern für die iranische Bevölkerung darüber hinaus von finanziellem Nachteil waren.

Iran muss außerdem Wirtschaftssanktionen der Vereinten Nationen erleiden, und es steht außer Frage, wer mit mangelnder Transparenz hinsichtlich der Nuklearakte dafür gesorgt hat.

Hinzu kommen die unverblümten Reden des Herrn Doktor Präsidenten Ahmadinedschad mit Belehrungen, um die Menschheit auf den Weg des Propheten zu führen – unter anderem fünf Vorträge am Hauptsitz der Vereinten Nationen in Manhattan, einen an der University of Columbia in New York und einen bei der Antirassismus-Konferenz in Durban sowie zwei weitere Reden in Genf und zig Interviews mit der ausländischen Presse.

Seine Bemerkungen zu tausendundein für westliche Journalisten interessanten Themen haben international große Beachtung gefunden. Und während diese Äußerungen für sie überaus faszinierend sein mögen, sind sie für die politischen und folglich für die ökonomischen Verhältnisse der hilflosen Iraner sehr schädlich, wirken solche Nachrichten doch wie Fangschüsse auf den hinfälligen Körper der wankenden iranischen Wirtschaft. Und für die Schäden muss selbstverständlich einmal mehr die iranische Bevölkerung aufkommen.

Die Wirtschaft Irans krankt, und die Inflationsrate ist extrem hoch. So viele gefälschte Statistiken die Regierung auch veröffentlichen mag, so wenig können diese etwas an der realen Inflationshöhe ändern, deren Druck beinah unerträglich auf den realen Schultern der realen Bewohner Teherans und Irans lastet.

Am Ende lösen all diese kniffligen wissenschaftlichökonomischen Gleichungen die letzte nutzlose Bewegung eines Bauern auf diesem Schachbrett aus – ein kompliziertes Abzugsschach, das in diesem Fall unglücklicherweise negative Auswirkungen auf meine Freundin hat.

Da steht sie nun mit leeren Taschen, verzweifelt und bedrückt, und wartet ab, wohin diese Geschichte sie im tosenden Fluss Teherans letztlich führen wird, in dem die Bewohner trotz der undisziplinierten Regierung unter Aufbietung all ihrer Kräfte ihre Schäfchen ins Trockene zu bringen versuchen, wobei sie allerdings manchmal ertrinken oder andere ins Wasser stürzen, versehentlich oder um selbst zu überleben ...

Dennoch bleibt die Tatsache bestehen, dass man sich in Teheran nicht langweilt, was – um nicht ungerecht zu sein – seine Vorzüge hat, und sei es, dass diese auf den negativen Aspekten des Lebens in Teheran beruhen.

Beim Anblick meiner ratlosen, vorübergehend obdachlosen und bankrotten Freundin werde ich selbst ein wenig unruhig wegen der Zahlung der Monatsmiete für mein eigenes Apartment, das sowohl Wohnung als auch Büro ist. Und ich bereite mich darauf vor, den Auftraggeber, der mir für eine Grafik noch etwas schuldet, täglich fünfmal anzurufen, wobei es mich nicht kümmern wird, ob er in einer Konferenz ist oder sein Mobiltelefon abgeschaltet ist; ich werde die Anrufe beharrlich fortsetzen.

Und dann denke ich daran, wie es wäre, könnte man diese enorme, meist negative Energie, die sich durch das Leben in Teheran in einem ansammelt – falls man sie

nicht schreiend und nervös an die eigene Tochter ver-
schwendet, deren Zimmer wieder mal unaufgeräumt ist,
oder an einen unverschämten Autofahrer, der ohne zu
blinken plötzlich vor einem einbiegt –, für ein kreatives
Werk einsetzen. Etwa um eine Zeichnung anzufertigen,
die die eigene Wut und Verzweiflung zum Ausdruck
bringt. Um ein Stück zu komponieren, das einem einzigen Protestschrei gleicht. Um ein Drama aufzuführen,
das voller verborgenem Sarkasmus ist. Oder aber, wenn
man keine Künstlerin ist, denkt man daran, wie es wäre,
all diese Energie in die Arme zu leiten und eine steinerne
Mauer zu errichten, die Erde aufzuhacken und einen
Baum zu pflanzen. Wie es wohl wäre, dafür sogar rechtzeitig und ausreichend bezahlt zu werden, in Form jener
blau-grünen, bebilderten Papiere mit Ziffern, die verkehrt herum in deren Ecke eingezeichnet sind, ebenso
wie bei den Karten König, Dame und Bube im Poker.
Im Pokerspiel des Lebens in Teheran.

Verbotener Rausch

Ich liebe Wein, vor allem Rotwein. Vorzugsweise einen Verschnitt aus Schiraser Reben der Sorte Cabernet et Sauvignon. Gleich, ob er aus Südafrika, Australien oder Kalifornien stammt. Weißwein vertrage ich nicht sonderlich gut. Normalerweise bekomme ich davon Kopfschmerzen oder bin anderntags nach dem Aufwachen noch stundenlang benommen. An warmen Nachmittagen sind mir dafür verschiedene Schaumweinsorten wie Champagner oder Prosecco ebenfalls willkommen.

Für Hochprozentiges bin ich nicht zu begeistern, nur manchmal am Wochenende, dann trinke ich, aber auch nicht mehr als ein, zwei Gläschen nach einem ausgiebigen Abendessen im Freundeskreis, sofern es von der süßen, wohlschmeckenden Sorte sein sollte, begleitet von anregenden Gesprächen und ein paar Zigaretten. Zum Beispiel Nocino, Limoncello oder sogar Appenzeller Alpenbitter.

Für Malt Whiskey könnte ich dagegen glatt sterben, insbesondere für einen alten, der etwas rauchig riecht. Wenn man den vorsichtig kostet – weil er so teuer ist –, meint man, man hätte einen goldenen Sonnenstrahl im Mund, dessen Wärme einem Zunge und Gaumen kitzelt.

Rotwein ist etwas anderes. Man kann ihn zum Essen oder danach trinken, bis einem ganz warm davon wird und man über jedes beliebige Thema plaudern kann, und zwar so ausgiebig, dass man sogar mutig jede falsche oder richtige Meinung verkündet, ohne Furcht vor dem Urteil anderer. Mit Rotwein kann man die Musik so sehr genießen, dass man glaubt, ihre Töne erklängen durch die Ohren hindurch in den eigenen mit verdünntem Blut gefüllten Adern und kämen nicht aus dem Rekorder oder von der Musikgruppe gegenüber. Nur mit Wein kann man jedes miese feuchtkalte Wetter auf der Terrasse irgendeiner Wohnung in einer europäischen Stadt ertragen, auf der jemand arglos den Tisch gedeckt hat, weil es Mitte Juli ist, und sich nicht wünschen, im selben Augenblick an jedem anderen Ort der südlichen Erdhälfte zu sein.

Hier in Teheran kann jedoch von solch hochtrabenden, exquisiten Dingen wie Alkoholika nicht die Rede sein, zumindest nicht öffentlich. Das sind nur Erinnerungen, die mir durch den Sinn gehen.

Hier sind alkoholische Getränke verboten. Hier ist die Islamische Republik, eine Staatsform, auf deren »Republik« man sich nicht unbedingt verlassen kann, die es aber mit dem »Islamischen« sehr ernst nimmt. Herstellung und Konsum von Alkoholika gelten in einem Land, das einer islamischen Regierung untersteht, als schwere

Vergehen, weil die religiösen Vorschriften der Muslime sie als *haram* betrachten. *Haram* bedeutet »absolut verboten«, und *haram* kann man nicht ohne Weiteres in *halal,* also religiös erlaubt, verwandeln.

Allerdings können einige *haram* unter besonderen Umständen durch die *fatwa*, ein islamisches Gutachten, eines Rechtsgelehrten *halal* werden, beispielsweise Kaviar, der Rogen vom Stör. Als schuppenloser Fisch ist sein Verzehr Muslimen eigentlich verboten; kurz nach der Revolution von 1979 wurde er aber für *halal* erklärt, weil es sehr schade gewesen wäre, diese teure Ware nicht mehr anbieten und exportieren zu können. Von einer derartigen Kehrtwende habe ich dagegen beim Alkohol noch nie etwas gehört.

Wird in Iran ein Alkoholkonsument festgenommen und gesteht er den Verzehr, sind ihm siebzig oder achtzig Peitschenhiebe auf den Rücken sicher – die Strafe für sein Vergehen gemäß der Scharia. Vielleicht bewirkt diese Bestrafung, dass sich die schwere Sünde nicht wiederholt. Wird jemand beim Befördern von Spirituosen verhaftet, werden ihm, abgesehen von Peitschenhieben, zur Zahlung einer hohen Geldstrafe auch noch die Taschen geleert. Und wird jemand bei Herstellung und Verkauf von Spirituosen überrascht, können Sie sichergehen, dass das Ausmaß beider Strafen steil ansteigt, ganz zu schweigen von einer zusätzlichen Haftstrafe.

Interessanterweise stehen auf den Handel und Konsum von Drogen wie Opium, Heroin, Crystal, Crack, LSD, Haschisch und Kokain zwar ebenfalls harte Strafen, sie gelten aber nicht als religiöse Vergehen. So tödlich diese Drogen sein mögen, *haram* sind sie nicht.

Trotz alledem glaube ich, dass in dieser Islamischen Republik, in der Handel und Verbrauch von Alkoholika verboten sind, der Alkoholverbrauch in den Großstädten mindestens ebenso hoch ist wie in vergleichbaren Städten der freien Welt. Bei den meisten Einladungen und Picknicks, bei Wochenendausflügen, in privaten oder gemieteten Ferienvillen außerhalb der Stadt und sogar bei alltäglichen freundschaftlichen Treffen am Nachmittag oder zum Abendessen konsumieren die gebildete Teheraner Mittel- und Oberschicht Alkoholika, und zwar überwiegend hochprozentige.

Bis zur Revolution beschränkte sich der Alkoholkonsum auf Männer, die in einfachen Kneipen einige Gläschen einheimischen Schnapses kippten, was sie insbesondere vor ihren Ehefrauen verheimlichten, auf junge Pärchen, die für einen romantischen Abend bei Kerzenlicht und Wein die teuren Restaurants der Nordstadt besuchten, oder aber auf Intellektuelle und Studenten, die in den wenigen Bars Bier mit salzigen Pistazien zu sich nahmen und dabei über Kunst und Politik diskutierten. Dasselbe galt für jene, die sich einen Kabarettbesuch leisten konnten, in dem zu Musik und Tanz Spirituosen serviert wurden, und für adlige, westlich orientierte Familien, die bei ihren schicken häuslichen Feten in ihren Luxusvillen am Kaspischen Meer oder ihren Chalets in den Skigebieten von Schemschak und Dizin flaschenweise Champagner, Wein, Kognak und

Whiskey auftischten. Im Jahr 2010 dagegen, 31 Jahre nach der »Islamischen« Revolution, werden hausgemachte oder sogar originale, über die irakische und türkische Grenze Kurdistans sowie über den Persischen Golf ins Land geschmuggelte Alkoholika von den meisten Gesellschaftsschichten reichlich konsumiert, gleich ob Mann oder Frau, reich oder arm, ungebildet oder gebildet, alt oder jung, ja sogar von Jugendlichen; das gilt zumindest für Teheran.

Ich erinnere mich noch, dass ich im Sommer 2007, als ich meine Tochter in Teheran besuchte, zusammen mit ihr zu einem Fest eingeladen war. Gleich nach unserem Eintreffen wurden wir zu einem Tisch geführt, der mit verlockenden Spirituosen der unterschiedlichsten Geschmacksrichtungen vollgestellt war. Zögernd bat ich meine damals 16-jährige Tochter, mit Rücksicht auf ihr Alter und ihre Unerfahrenheit, sollte ihr etwas angeboten werden, ausschließlich leichte Getränke wie Bier zu akzeptieren, und auch diese nur in geringer Menge. Vorsichtig, um ihren jugendlichen Stolz nicht zu verletzen, erklärte ich ihr, dass Anfänger Alkoholika nur langsam und zu einer Mahlzeit trinken sollten. Ich war noch dabei, mich insgeheim als fortschrittliche Mutter zu rühmen, die die ersten Erfahrungen ihrer Tochter wohlwollend begleitet, als ich so viel Spott in ihren großen Augen las, dass sich aus Scham über meine Unwissenheit Schweißtropfen auf meiner Stirn sammelten.

In diesem Moment begriff ich, dass Teheraner Jugendliche ihre ersten Erfahrungen nicht mit Bier und leichten Weinsorten machen, sondern mit billigem Hochprozentigem, wie ihn im Westen obdachlose Alkoholkranke nach langer Suchtkarriere an Bus- und Bahnstationen trinken.

In Teheran unterscheiden sich diejenigen, die über genügend Geld und Geschmack verfügen, grundsätzlich dadurch von den Armen, dass sie nur echte, ins Land geschmuggelte Alkoholika mit Originaletiketten trinken, die noch teurer sind als vergleichbare, hier produzierte. Es sind dieselben, die man in den Regalen europäischer Spirituosenläden und Supermärkte findet: Wodka der Marken Absolut, Smirnoff und Gorbatschow, Hennessy-Cognac, Whisky der Marken Black and White, Chivas Regal und Johnnie Walker, Heineken und Efes-Pilsen in Büchsen sowie weitere mir unbekannte.

Mit den weniger Vermögenden verhält es sich dagegen anders. Sie trinken Korinthenschnaps, den sie in den Wohnungen mithilfe von Destillieranlagen selbst produzieren oder aber von Händlern kaufen, die heimlich Alkoholika herstellen und vertreiben.

Dazu muss man sich von einem vertrauenswürdigen schnapstrinkenden Freund die Telefonnummer des Schnapsbrenners geben lassen, der vorher von diesem Freund informiert worden ist, dass man ebenfalls interessiert und vertrauenswürdig ist, und bei einem Telefonat verschlüsselt eine gewisse Menge Essig oder Sauerkirschsaft – sprich doppelt gebrannten Korinthenschnaps mit mehr als vierzig Prozent Alkoholgehalt – erwähnen und die eigene Adresse angeben. Gegen Abend erscheint der Schnapsverkäufer dann persönlich mit einem dunklen, schmuddligen Plastik-kanister, händigt die Ware rasch und lakonisch aus, nimmt das Geld entgegen und verschwindet. Als hätte einem jemand, dessen Namen man nicht kennt und nie kennenlernen wird, einen Kanister Speiseöl, Motorenöl oder irgendetwas anderes an die Haustür gebracht.

Vor dem Kauf solcher Spirituosen von unbekannten Verkäufern sollte man sich in Teheran unbedingt von deren Qualität überzeugen, weil die Käufer sich in manchen Fällen nach dem Konsum gepanschter Alkoholika vergiftet oder sogar ihr Leben gelassen haben. Man muss sicher sein, dass die Korinthen dieses Schnapses sorgfältig entstielt worden sind, damit die hölzernen Stiele beim Destillieren kein lebensgefährliches Methanol bilden, das bestenfalls zur Erblindung führt. Und handelt es sich tatsächlich um reinen Alkohol, oder hat man verschiedene Sorten Schlaftabletten in ihm aufgelöst, damit dieses schwach alkoholhaltige, mit Leitungswasser verdünnte Produkt bei den ersten Schlucken berauschender wirkt?

In Teheran suchen viele verzweifelt nach armenischen Schnapsbrennern, weil diese im Land ansässige christliche Minderheit aufgrund einer staatlichen Sondergenehmigung in Iran das Recht zur Herstellung von Alkoholika für den eigenen Bedarf hat. Diese geduldigen und geschätzten Mitbürger sind seit Jahrhunderten für ihr Wohlverhalten und ihre Vertrauenswürdigkeit in Handel und Handwerk berühmt; in Wahrheit werden sie sogar von vielen Muslimen als Geschäftspartner religiösen Mitbrüdern gegenüber bevorzugt.

Die Armenier betätigten sich vor der Islamischen Revolution in der Herstellung von speziellen, als westlich
geltenden neuartigen Lebensmitteln wie Wurst und
Würstchen aus verschiedenen Fleischsorten, darunter
Schweinefleisch – dessen Verzehr Muslimen verboten
ist –, sowie in zahlreichen technischen Berufen als Au-
tomechaniker, Goldschmiede, Schreiner, Instrumenten-
bauer, Fotografen, Tischler und Metallschleifer; nach der
Revolution wurden sie dann zu Unrecht der Schnaps-
brennerei und des Handels mit Alkoholika bezichtigt.

Und nur wenigen ist bekannt, welch nachhaltigen
Einfluss die iranischen Armenier auf die Musik ihres
Gastlands hatten. Als bester und berühmtester Musiker
und Hersteller der iranischen Tar – eines hundertprozentig iranischen Instruments – gilt ein Armenier namens
Yahya Khan. Darüber hinaus gibt es in dieser zugewan-
derten christlichen Gemeinschaft nicht wenige politische
Aktivisten, Maler, Fotografen, Dichter und Schriftsteller,
die dieses Land ohne Ansprüche als ihre Heimat akzeptiert haben und heute ebenso wie ihre muslimischen
Mitbürger alle politischen und sozialen Beschränkungen
geduldig ertragen.

Dennoch herrscht in Iran der falsche Eindruck vor,
nur die Armenier wären in die umfangreiche Produktion
von Alkoholika und den Handel damit verwickelt, was
viele als minderwertige Tätigkeiten betrachten, sogar
wenn sie selbst diese Erzeugnisse konsumieren.

In Wahrheit gibt es neben dem großen Heer musli-
mischer lediglich eine geringe Zahl von armenischen

Spirituosenproduzenten, die von vielen Käufern sogar bevorzugt werden, und zwar ebenfalls wegen ihres Anstands, ihrer Zuverlässigkeit und ihrer Vorsicht bei diesem gefährlichen Geschäft, dessen unselige Begleiterscheinungen wie Verhaftung und Auspeitschung Käufer und Verkäufer gleichermaßen treffen.

Eine weniger gefährliche und preisgünstigere Alternative ist der Kauf von Flaschen mit 600 Milliliter 96-prozentigem Ethanolalkohol, der zweifellos für die äußere Anwendung im medizinischen Bereich gedacht ist, zum Beispiel für die Desinfektion vor einer Injektion oder Ähnliches. Dieses Ethanol mit der chemischen Formel C_2H_5OH, das zuweilen aus Weizen, Roggen oder sogar aus Datteln destilliert wird, kann man in der Apotheke finden. Der Preis einer Flasche beträgt vier oder fünf Euro, also ungefähr ein Drittel des Preises des hiesigen Korinthenschnapses. Für den Kauf dieses Ethanols muss man allerdings den Apotheker kennen, damit er einem diesen erstens überhaupt verkauft, obwohl man weder Ärztin ist noch ein Rezept vorweisen kann, und damit er einen zweitens in seine Liste der Alkoholkäufer einträgt und einem eine Flasche reserviert – so groß ist die Nachfrage. Drittens sollte man unbedingt die Sorte Ethanol kaufen, die kein bitteres Bitrex enthält, das auf Anweisung der Gesundheitsbehörde zugesetzt wird, um es ungenießbar zu machen.

Es leuchtet ein, dass man Ethanol mit 96-prozentigem Alkoholgehalt nicht pur trinken kann; selbst wenn man es im Verhältnis eins zu anderthalb oder eins zu zwei mit Wasser verdünnt, schmeckt es nicht besonders.

Diejenigen, die diese Alkoholsorte bevorzugt gebrauchen, verfahren mit ihr daher in den meisten Fällen wie mit Wodka, und zwar folgendermaßen: Nach der Verdünnung mit Wasser auf 40-prozentiges Ethanol machen sie unter Zugabe von Limonenessenz, Zucker und Sodawasser daraus Wodka Lime oder fügen Tomatensaft und Gewürze für eine Bloody Mary hinzu. Oder sie mischen es mit diversen Cola-Sorten oder Obstsäften und erfinden dadurch neue Getränke, die sie in manierlichen Weinflaschen und hübschen Gläsern ihren Gästen zur schmackhaften Mezze servieren. Das ist die verbreitetste Art des Konsums dieser Sorte von Spirituosen.

Mithilfe speziellerer Methoden hingegen produzieren kultivierte Menschen, die weniger gut situiert sind, zu Hause aus diesem Ethanol (oder aus Korinthenschnaps) mit unendlicher Geduld verschiedene farbige Liköre. Ihr Alkoholgehalt ist durch die Zugabe diverser Flüssigkeiten, vor allem von destilliertem Wasser, natürlich variabel.

Süße, warme Liköre wie der russische Sauerkirschlikör werden zum Beispiel mit Sauerkirschsaft, einigen süßen getrockneten oder frischen Sauerkirschen, Zimt, Zucker und Nelken hergestellt. Die Flaschen mit dieser Mixtur werden anschließend ein bis sechs Monate an einem dunklen Ort gelagert beziehungsweise versteckt. Anstelle von Sauerkirschen kann man auch Trockenfrüchte wie Aprikosen, Pfirsiche oder Feigen verwenden, was relativ süße und schwere Liköre ergibt, die sich zur besseren Verdauung am Ende des Abends und zur Aufheiterung von Festen im Freundeskreis eignen.

Ebenfalls sehr schmackhaft und berauschend sind in Alkohol gelagerte Trockenfrüchte, die nach dem Leeren der Flaschen meist den Damen der Runde zufallen.

Eine andere Möglichkeit ist, 37-prozentigem Alkohol zwei Zweige frischer Minze, etwas Limonensaft und Zucker hinzuzufügen und ihn mindestens einen Monat ruhen zu lassen. Am Ende werden Sie ein hellgrünes, erfrischendes und kühlendes Getränk erhalten, das sich für die heißen Nachmittage des südlichen Iran besonders gut eignet. Etwa vergleichbar mit seiner südamerikanischen Cousine, der Caipirinha.

Ich habe in Teheran sogar selbst produzierten Nocino gekostet, der zwar vielleicht nicht unbedingt besser als italienische oder Tessiner Sorten war, zumindest aber auch nicht schlechter. Das Rezept habe ich nach langem Bitten von einem Freund bekommen, der das Copyright auf seine Liköre normalerweise hartnäckig verteidigt, aber es ist so kompliziert, dass ich noch nicht gewagt habe, es auszuprobieren.

Gegen Ende des Sommers, wenn die Walnüsse noch nicht ganz reif sind, muss man an einen Ort fahren, wo es Walnussgärten gibt, und den Besitzer bitten, einem ein, zwei Kilo unreifer, haselnussgroßer Walnüsse aus seinem geliebten Garten zu pflücken. Dazu muss man tausendundeinen Vorwand erfinden, zum Beispiel, dass man aus den unreifer Walnüssen Sauerkonserven, ein Fleischgericht oder Marmelade für die schwangere Schwester herstellen will, der danach gelüstet, oder jede andere Geschichte, die einem einfällt. Der Gartenbesitzer wird die unreifen Walnüsse nämlich nicht pflücken, bevor seine Neugier befriedigt ist, erst recht nicht für jemanden, der überhaupt nicht danach aussieht, als würde er eigenhändig Sauerkonserven und Konfitüre herstellen, besonders heutzutage, da nur noch alte, kultivierte Frauen die Tradition der Herstellung von Sauerkonserven und Konfitüren aus unreifen Schalenfrüchten wie Haselnüssen, Mandeln und Walnüssen pflegen.

Hat man es schließlich geschafft und die unreifen Walnüsse aufgetrieben, muss man sie zerhacken, wobei sich die Finger und Nägel schwarz verfärben, mit derselben Menge Zucker vermischen und einen Monat lang in einem verschlossenen Gefäß aufbewahren, bis sie ein wenig vergoren sind. Die klebrige Mischung gibt man dann in einen sauberen Krug, fügt mindestens einen Liter mit über 40-prozentigem Ethanol hinzu und vergisst das Ganze bis zum Frühling, das heißt mindestens sechs Monate, an einem dunklen und selbstverständlich sicheren Ort. Wenn daraus nach sechs Monaten eine süße, dunkelbraune und leicht bittere Mischung entstanden ist, seiht man sie gut durch und ist endlich fertig. Sieben oder acht Monate Geduld und jede Menge Lauferei und Lügen für ein, zwei Flaschen Nocino.

Ich selbst habe vor Jahren eine Art einheimischen Likör hergestellt, dessen Rezept ich anschließend fotokopieren und meinen Freunden geben musste, die davon richtig berauscht waren, so gut war er geworden. Eine seltsame Mischung aus einer großen Orange mit exakt 15 Kaffeebohnen im Fruchtfleisch, zusammen mit Alkohol und

Milch im Verhältnis von eins zu eins. Das Interessante an diesem Likör ist, dass er nach 45 Tagen durchsichtig ist, und das obwohl er Milch enthält.

Der Genuss von hochprozentigen Likören ist in Teheran wohl deshalb so beliebt, weil man mit einem Liter 40- bis 45-prozentigem Korinthenschnaps eine Runde von vier oder fünf Personen mehrere Stunden bewirten kann, sei es mit schnell zubereiteten Cocktails mit Cola oder verschiedenen Obstsäften, sei es mit den erwähnten Likörsorten.

Verwendet man dagegen 90-prozentiges Ethanol aus der Apotheke, kann man bis spät in die Nacht ein Fest mit sieben oder acht Gästen feiern.

Wer seine Gäste dagegen mit Wein oder Bier bewirten möchte, wird weitaus höhere Mengen benötigen, was ihm angesichts der Rarität dieser Getränke, sogar der guten hierzulande produzierten, und der hohen Preise der Originalprodukte aus dem Ausland sicher Probleme bereiten wird.

Wenn man möchte, kann man natürlich auch selbst zu Hause Wein oder Bier herstellen – eine mühevolle und zeitraubende Aufgabe, die, abgesehen von der Gefahr, genügend Platz, Geduld, Erfahrung sowie zahlreiche Flaschen, Krüge, Fässer, Korbflaschen, Korken und einen Keller erfordert. Das Risiko, dass sich der Wein in Essig verwandelt, kommt zur obigen Liste hinzu, und in diesem Fall wird man, so viel Salat man auch isst und so viele Flaschen Weinessig man auch verschenkt, immer noch jahrelang einen Essigvorrat haben.

Trotzdem gibt es jede Menge Teheraner, die gegen Ende des Sommers ein Obstgeschäft nach dem anderen aufsuchen, um die passenden weißen, roten, schwarzen und violetten Trauben in Kisten von mehreren Hundert Kilo zu kaufen, wobei sie und die Obstverkäufer vorgeben, all diese Trauben würden für selbst gemachten Essig oder Traubensirup verwendet.

Die häusliche Herstellung von Wein ist ein langwieriger Prozess: Zunächst müssen die Trauben auf der Terrasse oder auf dem Flachdach ausgelegt werden und in der Sonne trocknen. Man muss sämtliche Stiele und Stängel sorgfältig entfernen – die hölzernen Bestandteile können wie schon erwähnt zur Entstehung von gefährlichem Methanol führen – und so lange warten, bis kein Tropfen Wasser mehr auf den Trauben ist. Dabei muss man ständig achtgeben, dass der Nachbar nicht sieht, was man tut, oder andernfalls lächelnd erklären, man wolle Essig herstellen.

Man muss die Trauben mit den Händen oder sogar mit den Füßen bearbeiten, am besten in der Badewanne, die vorher gut desinfiziert worden ist, oder in großen Waschschüsseln, bis das Fruchtfleisch hinreichend zerquetscht und der Saft ausgetreten ist. All das schüttet man dann in trockene, saubere Bottiche oder Krüge mit einer Art selbst gebasteltem Verschluss, aus dem ein Schlauch zu einer halb mit Wasser gefüllten Flasche führt, deren Verschluss man zum Einführen des Schlauches ebenfalls durchbohrt hat, und lässt diese Masse mindestens vierzig Tage lang an einem geheimen, warmen und dunklen Ort stehen. Allerdings muss man die Masse täglich umrühren und beten, dass sie beim Gären nicht überläuft, wodurch sich deren Geruch in der ganzen Wohnung ausbreiten würde. Außerdem sollte man für die Seelen der Dichter Hafis und Chayyam[1] beten, damit der Wein, zumal in solchen Mengen, sich nicht in Essig verwandelt.

Nach exakt vierzig Tagen, keinem mehr oder weniger, muss man die Flüssigkeit, die sich *inschallah,* so Gott will, in Wein und nicht in Essig verwandelt hat, zwei-, dreimal durch ein Tuch oder durch Nylonstrümpfe seihen und in Flaschen abfüllen. Anschließend muss man noch mit ganz primitiven Mitteln und Muskelkraft Korken herstellen. Geräte zur Korkenherstellung gehören ebenso wie Kork- eiche nämlich zu den Dingen, die sich nur schwer auftrei- ben lassen.

Manche verwenden Plastikfolie und Gummiband für den Verschluss, oder schlimmer, sie füllen den Wein um- gehend in Cola- oder Mineralwasserflaschen mit luftdich- ten Kunststoffverschlüssen, was professionelle Weinher- steller mit Verachtung quittieren.

Das mühevoll abgefüllte Produkt muss anschließend mindestens sechs Monate ruhen, bis das Depot sich ge- setzt hat und die Flüssigkeit klar geworden ist.

Und nun stellen Sie sich vor, dass Sie nach all diesen Mühen fünfzig oder sechzig Flaschen mit je 700 Millili-

---

[1] Diese beiden Dichter sind bekannt dafür, dass sie in ihren Gedichten häufig Wein als Metapher verwenden.

tern trinkfertigem Wein haben und von diesem Produkt so begeistert sind, dass Sie jedem, der Ihnen begegnet, großzügig zwei oder drei Flaschen schenken, natürlich nachdem Sie zur Selbstdarstellung etwa dieselbe Menge zusammen mit dem Betreffenden getrunken haben.

Selbstverständlich ist es Ihr gutes Recht, stolz darauf zu sein und ein bisschen damit anzugeben, haben Sie doch eine Aufgabe, die professionelle Winzer im Westen mit tausenderlei modernen, genauen Vorrichtungen und Möglichkeiten durchführen, in Ihrem Wohnzimmer und Ihrem Bad mit Gummiband, Schläuchen und Nylonstrümpfen bewältigt, während das Produkt, wenn schon nicht besser als das westliche Massenfabrikat, zumindest auf keinen Fall schlechter ist.

Die Folgen sind jedoch vorhersehbar: Ein, zwei Wochen nach dem Gärprozess lösen sich die Mühen und Ausgaben von acht oder neun Monaten in Luft auf, und Ihnen bleibt kein Tropfen Wein mehr übrig.

Die meisten dieser fröhlichen und freigiebigen Weinhersteller geben entweder nach einigen Jahren die Produktion auf oder werden geizig und geheimnistuerisch. Ersteres Schicksal ist mir kürzlich auch selbst widerfahren.

Ich will Ihnen aber nicht verheimlichen, dass ich das Rezept für eine Sorte Wein bekommen habe, den ich aus Neugier herzustellen beschloss: Möhrenwein.

Möhren sind billig, und wenn man acht Kilo davon und drei Kilo Zucker kauft, vermutet niemand, dass man sie nicht für die Zubereitung von Marmelade, sondern von etwas so Seltsamem und Unvorstellbarem wie Wein braucht.

Eines Tages war also meine kleine Küche von früh bis spät voll mit geraspelten Möhren, Orangenschalen, zerkleinerten Korinthen, Flaschen und Hefeteig, Töpfen und Kunststoffschüsseln.

Die ganze Wohnung roch nach Karottenmarmelade, weil ich die Möhren raspeln und wie zur Herstellung von Marmelade mit Wasser und Zucker aufkochen musste.

Die geraspelten Orangenschalen vermengte ich mit sorgfältig abgemessenen Mengen von frischem Limonensaft, Hefeteig und zerkleinerten Korinthen und füllte sie in Zehnliterkanister ab.

Von Zeit zu Zeit setzte sich meine Tochter mit einer Tüte Naschwerk dazu, beobachtete das Ganze, als sei es ein Komödienfilm, und verwirrte mich mit ihren spöttischen Blicken.

Nachts fiel ich dann mit orange gefärbten Fingern und dem Traum von einem Weingelage bei Kerzenlicht im Freundeskreis erschöpft und entkräftet ins Bett – in der dunklen Kommode meines Schlafzimmers zwei verschlossene Zehnliterkanister aus Kunststoff, aus deren Verschlüssen sozusagen zur Belüftung je ein strohhalmartiges Rohr herausragte, auf den Ablagen und in der Spüle meiner Küche jede Menge schmutzige Töpfe, Kasserollen, Reiben, Messer und Löffel.

Während der ersten zwei Wochen rührte ich die Mixtur in den Kanistern mit einem langen Holzlöffel um. Der Geruch der vergärenden Möhren setzte sich nach der zweiten Woche allmählich in den Kleidern in meiner Kommode fest. Zum Glück rochen sie nur nach Möhrenwein und nicht nach Möhrenessig, und zum Glück war keine Flüssigkeit aus den Kanistern ausgetreten.

Am Ende der zweiten Woche musste ich die Mixtur, deren erste Gärungsphase vollendet war, durchseihen und in neuen sauberen Kanistern wieder drei Wochen lang an einem dunklen Ort lagern.

Ich hätte nie gedacht, dass die Paare fleischfarbener Nylonstrümpfe, die ich nie getragen hatte – vermutlich, weil sie der Hautfarbe der Europäerinnen und nicht meinem dunklen Teint entsprachen –, die sich aber aus irgendwelchen törichten Gründen in meinem Strumpffach stapelten, eines Tages zum Durchseihen von Wein, zumal Möhrenwein, von Nutzen sein würden.

Abermals gab es eine Küchenszene mit neuen, sauberen Plastikkanistern, Trichtern, Messbechern und Messlöffeln, und diesmal erfreute der scharfe Geruch der vergorenen Masse, die sich sozusagen in Wein verwandelt hatte, sogar meine Tochter.

Die letzte Phase dieses Einakters war das Eintüten und Verstecken der Möhrenreste, die unzählige aufgeblähte, streng riechende Korinthenstücke enthielten. Schließlich verstaute ich sie in mehreren Plastikabfallbeuteln, damit ihr Geruch nicht nach außen dringen würde, transportierte sie in der Dunkelheit zur übernächsten Gasse, um die Spuren zu verwischen, und entsorgte sie im Abfallcontainer.

Nun konnte ich das durchgeseihte Produkt, das auf

exakt die Hälfte der ursprünglichen Menge zusammengeschrumpft war, ohne weitere Behandlung, allerdings erneut mit Belüftungsröhren ausgestattet, an einem dunklen Ort aufbewahren und sorglos abwarten, bis die Natur, diese große Chemikerin, ihr Werk zur Erfreuung der Menschheit vollenden würde.

In der dreiwöchigen Wartezeit während der zweiten Gärungsphase dieses seltsamen Weins berichteten meine Tochter und ich stolz, wenn auch ihrerseits mit etwas Spott gewürzt, von unseren Erfahrungen, ohne zu bedenken, dass wir damit unseren noch unfertigen Wein, der höchstens zwölf Flaschen à 700 Milliliter ergeben würde, bereits im Voraus vergeben hatten.

Und so geschah es. Als die zweite Gärungsphase beendet war, verbrauchte ich wieder mehrere Paare Nylonstrümpfe – diesmal meine geliebten schwarzen, die ich sehr oft trage, die seligen. Nachdem ich den Wein mithilfe eines schmalen Rohrs angesaugt hatte sowie zahlreiche physikalische Berechnungen über die miteinander kommunizierenden Gefäße und Flaschen durchgeführt und die Flaschen mit Korken und diversen Metall- und Kunststoffverschlüssen versehen hatte, hatte ich schließlich zehn Flaschen hellen, wenngleich trüben und nicht besonders wohlriechenden Möhrenwein – und einen schweren Kopf, weil ich beim Absaugen aus den Röhren und Kanistern ständig ungewollt Wein und Weinstein getrunken hatte.

Kaum waren die ersten zwei Wochen der dreimonatigen dritten Phase vergangen, die als Ausfall bis zur vollständigen Klärung des Weins bezeichnet wird, als auch schon die ersten drei Flaschen – die zwar immer noch etwas trüb, aber so köstlich wie Weißwein waren – bei unseren abendlichen Treffen mit in unsere weinbeseelten Selbstdarstellungen eingeweihten Freunden aufgebraucht waren.

Die Komplimente unserer erstaunten Freunde waren so beglückend, dass meine Tochter und ich ihnen in der dritten Woche mehrere Flaschen, in Geschenkpapier verpackt und mit Schleifen versehen, vorbeibrachten.

In der vierten Woche wurde der Wein, abgesehen von einem halben Zentimeter Depot, in den übrigen vier Flaschen so klar und goldfarben, dass wir uns in einem rührseligen, menschenfreundlichen Moment entschlossen, eine kleine Feier zu veranstalten und einen befreundeten Autor zum Abendessen einzuladen – ein berühmter Weinkenner, der sich laufend nach unserem Möhrenwein erkundigt hatte. An diesem Abend wurden rund dreieinhalb Liter unseres köstlichen Möhrenweins, der mindestens zwei weitere Monate in den Flaschen hätte ruhen sollen, um nach und nach zu besonderen Anlässen serviert zu werden, mit der charakteristischen Großzügigkeit iranischer Weinliebhaber zum Abendessen und zu den literarischen Diskussionen getrunken; diese wurden meist von dem befreundeten Autor bestritten, dessen Redseligkeit wir an diesem Abend neben seiner Weinkenntnis als zweite seiner hervorstechenden Fähigkeiten entdeckten.

Schließlich waren wir alle so betrunken, dass unser

Gast vergaß, zumindest dem berühmten Zakariya ar-Razi, dem Entdecker des Alkohols, zuliebe, ein Lob und eine nüchterne Analyse meines mühsam produzierten Möhrenweins abzugeben, und obendrein am nächsten Tag, als er mich zum Dank anrief, beim besten Willen nicht mehr wusste, was er gegessen und getrunken hatte.

Meine Tochter tröstete mich noch lange Zeit damit, dass mein Wein so gut gelungen sei, dass er den Trinkenden nicht nur alle Sinne, sondern auch die für eine Analyse notwendige geistige Schärfe geraubt hätte.

Und ich, die schon mit Reiswein und Kartoffelwein geliebäugelt hatte, verzichtete nach meiner Möhrenerfahrung schließlich auf diese Alternativen.

Im Gegensatz zu anderen Weinherstellern bin ich zwar noch nicht geizig und geheimnistuerisch geworden, glaube aber, dass ich für gelegentliche Umtrünke mit Freunden besser zum Kreis der kultivierten Mittellosen und zu Ethanol und meinem eigenen Teheraner Wodka Lime zurückkehren sollte.

Schleierzwang für die Kunst

Seit vielen Jahren arbeite ich mit einem guten Regisseur zusammen, der an Teheraner Universitäten Dramaturgie lehrt. Jedes Mal wenn er ein neues Theaterstück aufführt, beauftragt er mich in letzter Sekunde mit der Gestaltung des Flyers und der Programmbroschüre.

Im Verlauf der Jahre hat sich zu ihm und seinen festen Mitarbeitern eine lose, aber herzliche Freundschaft entwickelt, und er lädt mich hin und wieder zu den Proben ein, die normalerweise Theaterleuten vorbehalten sind. Auf diese Weise wurde ich allmählich mit den Details und Feinheiten der Theaterarbeit in der Islamischen Republik vertraut, und zwar sowohl mit den Beschränkungen und Vorschriften für die künstlerischen Projekte, die sich mit jedem neuen Minister der Behörde für Islamische Leitung und Kultur änderten, als auch mit der Art von Texten, die zur Inszenierung ausgewählt wurden – bei dieser Kompanie schrieb der Regisseur die Texte, die er aufführte, selbst. Mit der Zeit habe ich dadurch das Theater meines Landes sehr schätzen gelernt. Ich muss allerdings gestehen, dass die Arbeit hinter den Kulissen

und die Anstrengungen der Theatergruppe, die vorgeschriebenen Grenzen des Ministeriums nicht zu überschreiten, zugleich aber dem Text, den Vorstellungen des
Regisseurs und den eigenen Ansichten treu zu bleiben,
für mich weitaus attraktiver waren als die unangreifbare
Aufführung vor Publikum zum Schluss.

Die Proben verschafften mir außerdem jedes Mal
Gelegenheit zu Gesprächen mit dem Bühnenbildner
und dem Kostümbildner, die jeweils nach der Bespre-
chung mit dem Regisseur stattfanden, denn natürlich
brauchte ich detaillierte Informationen für den Flyer
und das Programmheft. Dabei habe ich mich immer
auch mit den meistens jungen, studentischen und extrem enthusiastischen Schauspielern, dem Komponisten,
den Musikern und dem Szenefotografen unterhalten
und mich abschließend mit dem Regieassistenten zusammengesetzt.

Als Grafikerin musste ich bei der Gestaltung sämtliche Vorgaben der Theaterleute sowie die Vorschriften
des Ministeriums berücksichtigen, weshalb meine Arbeit
wie die Theaterstücke selbst am Ende einem kodierten
Geheimbuch glichen, dessen kompliziertes Alphabet nur
die Zuschauer und wir zu enträtseln vermochten.

Den Symbolen für Liebe und Zuneigung, Freiheits-
streben und Widerstand aus den Stücken gab ich auf meinen Flyern einen harmlosen Anstrich: Beim Close-up einer Schauspielerin hellte ich etwa die Augen so auf, dass
man nicht feststellen konnte, ob sich ihre Haare oder ihr
Kopftuch in der Dunkelheit um ihr Gesicht herum ver-

bargen, Aufnahmen von leuchtenden Augen oder sich drückenden Händen bildete ich so ab, dass das Geschlecht der Betreffenden unklar blieb. Und das Spiel mit den Bögen und Kurven der persischen Buchstaben, die bei entsprechendem Layout Figuren wie Herz, Schere oder ein Messer darstellen können, zählte ebenfalls zu den Mitteln, die ich einsetzte, um auf die bestehenden Beschränkungen hinzuweisen, während die äußere Erscheinung der Flyer, ganz wie die der Inszenierungen selbst, gehorsam den ministeriellen Rahmenbedingungen zu folgen schien.

In den ersten Jahren nach der Revolution von 1979 waren die Vorschriften des Kultusministeriums für alle Kunstschaffenden besonders streng und in gewisser Weise bizarr. Mit jedem neuen Präsidenten, der die Ministerien »säuberte« und mit eigenen Gefolgsleuten besetzte, änderten sich die Rahmenbedingungen – eine Situation, die sich im Laufe von Chatamis Präsidentschaft zunehmend besserte und entschärfte. Vielleicht lag der Grund für diese Besserung darin, dass die Zensoren ebenso wie die Mittelschicht und die Künstler in der studierten und sich entwickelnden iranischen Gesellschaft intellektueller geworden waren. Diejenigen, die sich wie ich an die Jahre vor Chatami erinnerten und in der beengten Atmosphäre von damals gearbeitet hatten, hatten jedenfalls gelernt, unter allen Umständen und trotz aller Beschränkungen das zu sagen, was sie wollten, sei es auf der Bühne, beim Layouten von Theaterbroschüren, Buchumschlägen und CD-Hüllen oder in der Musik.

Hatten wir unmittelbar nach der Revolution noch merkwürdige Rundschreiben vom Kultusministerium erhalten, war dies einige Jahre später kaum mehr der Fall, und wenn doch noch ein solches kam, war es für gewöhnlich von gemäßigter Natur. Eines jener Rundschreiben an die Grafiker und Grafikerinnen aus dem ersten Jahrzehnt nach der Revolution gab gar Anlass zum Lachen und zum Weinen zugleich, insbesondere was die Erwähnung der Frauen anbetraf. Es warnte die Künstler vor der Darstellung von drei Dingen, in genau der Reihenfolge, die Sie nun lesen: Hunden, Frauen und Schweinen.

Es muss dazugesagt werden, dass Hunde und Schweine im Islam zu den Tieren gehören, deren Berührung und Verzehr *haram*, also verboten, ist. Der Hund ist unrein und schmutzig, wenn man ihn berührt, wird das Gebet ungültig. Und das Schwein ist bekanntlich das am meisten »*harame*« aller verbotenen berührbaren und verzehrbaren Tiere. Und die Frau? Bei den Frauen liegt der Fall etwas komplizierter. Nur eine gute Frau ist akzeptabel: eine gläubige verschleierte Hausfrau, Mutter und Ehefrau, je mehr verhüllt und im Haus verborgen, desto besser.

Wehe aber ihrem Gegenteil, einer verführerischen, unzureichend verhüllten oder unverhüllten Frau, die ein Anlass zum Aufruhr ist, zur Sünde. Die die Herzen der Gläubigen angesichts der hellen göttlichen Weisheit verfinstert. Eine solche Frau ist die Ursache für die zunehmende Sündhaftigkeit der Gesellschaft, und sobald die Sünde überhandnimmt, brechen Dürre, Überschwemmungen und Erdbeben herein.

Doch derartige Ansichten wurden nicht nur damals vertreten. So traute ich meinen Ohren nicht, als ich die skandalöse Nachricht hörte, dass man sogar im Jahr 2010, im 21. Jahrhundert, dem Jahrhundert der Wissenschaft und Technologie, noch meint, wegen schlecht verhüllter oder unverhüllter Frauen und der »Zunahme der Sünde« könnte es ein schweres Erdbeben in Teheran geben. Als ich davon erfuhr, konnte ich nicht glauben, dass man in meinem Teheran solche Worte gesprochen hatte – in einer Stadt voller Universitäten und Fachhochschulen, in der es von Studenten, Professoren und Lehrern nur so wimmelt. Schließlich musste ich lachen, wenn auch etwas hysterisch, und am Ende gar weinen und fühlte mich an den Erlass über Hunde, Frauen und Schweine erinnert.

Diese Warnung hat knapp ein Jahr nach den umstrittenen zehnten Präsidentschaftswahlen von 2009 jener Präsident ausgesprochen, dessen Stimmenzahl das Volk ebenso bezweifelt hat wie die Neutralität seines Innenministeriums, jener Präsident, gegen den es monatelange ruhige und gewaltfreie Proteste gegeben hat, was Hunderte von Toten, Verletzten, Verschwundenen und Inhaftierten zur Folge hatte – und einen anhaltenden Kampf um die Demokratie.

Ahmadinedschad hatte in einer Rede die Teheraner Bevölkerung darauf hingewiesen, dass die Hauptstadt auf einer großen erdbebenträchtigen Verwerfung liege und es nur dank der Gebete der Gottesfürchtigen bisher kein Erdbeben gegeben habe. Er hatte sie gewarnt, dass aber keine Absicherung dagegen existiere, zumal ein solches durch die Sünden von Gottes Geschöpfen bedingt würde. Seine Botschaft lautete daher: Sündigt nicht, ihr Menschen, und betet mehr.

Und auch der Teheraner Freitagsprediger Ayatollah Sedighi rief am ersten Freitag nach dieser Warnung den Anwesenden zu, dass die Frauen besser auf ihren Hidschab, also auf ihre Verschleierung, achten sollten, weil unzureichender Hidschab oder Unverhülltheit »die Herzen junger Männer erbeben« ließen und zu Todsünden führten.

Zur Bestätigung und Bekräftigung der Worte Ahmadinedschads und Sedighis ersannen die Sicherheitskräfte, der Geheimdienst und der Innenminister schnellstens das Projekt *Bekämpfung des schlechten Hidschab*, das vorgeblich der Vermeidung eines Erdbebens dienen sollte.

Es sei nicht unerwähnt, dass viele der Überzeugung sind, die staatlichen Organe hätten es am Vorabend des Jahrestages der Wahl von 2009 unter genau diesem Vorwand darauf abgesehen, die Kontrolle Teherans zu verschärfen und jegliche Art von Protestversammlungen zu verhindern. Zumal die Bevölkerung nicht geneigt war, an diese übersinnlich-sexuellen Theorien zu glauben, und darüber hinaus vermutete, dass nicht einmal die Vertreter dieser Organe selbst dies taten.

Auf die Frage nach dem Hidschab antwortete Herr Ahmadinedschad am ersten Tag seiner Präsidentschaftswahlkampagne 2005 lächelnd: »Das ist eine private Angelegenheit, und ich werde es nicht zulassen, dass jemand eine Frau oder ein Mädchen belästigt, weil ein paar ihrer Haarsträhnen zu sehen sind.« Fünf Jahre später, im ersten Jahr seiner zweiten Amtszeit, beabsichtigt Ahmadinedschad, sämtliche weiblichen Angestellten im Staatsdienst in eine »islamischere«, stärker verhüllende Uniform zu stecken. Er ist sogar davon überzeugt, dass man die Kinderhorte – in denen Säuglinge und Kinder von drei Monaten bis maximal sechs Jahren beaufsichtigt werden – vor »unislamischem Aufruhr« bewahren muss und gemäß islamischen Moralvorstellungen reformieren sollte; Gott allein weiß, was er mit »unislamischem Aufruhr« meint.

Die schlechte Frau ist im Kultusministerium dieses Präsidenten allerdings nicht nur eine ohne Hidschab. Es genügt, dass sie hübsch ist – sogar wenn sie die von der Islamischen Republik vorgeschriebene Verschleierung trägt – und auf einem Poster, einem Buchumschlag, lebendig auf der Bühne oder im Fernsehen erscheint.

Schlecht ist eine Frau, deren Schönheit als verführerisch eingeschätzt wird und die außerdem aktiv ist, eine Meinung hat, sich mit den Männern messen kann, eine eigene Geschichte hat. Eine Frau, die einen Namen hat, Gefühle, eine eigene Einstellung und ein Gesicht. Ein Gesicht mit ansprechenden Zügen und ausdrucksstarken Augen. Eine Frau, die nicht lediglich ein gesichtsloses Klischee der religiösen unschuldigen Mutter-Frau, Schwester-Ehefrau ist. Diese »schlechten Frauen« – aktiv und durchsetzungsfähig – ängstigen die Zensoren und erzeugen also möglicherweise Erdbeben.

In meinem Umfeld in Teheran gibt es *nur* solche

Frauen, sei es als Produzentinnen von Kunst und Literatur, sei es als Figuren in Theaterstücken und Romanen
oder als deren lebendige Verkörperung, Frauen, die in
gleichem Maß wie Männer kreativen Tätigkeiten nachgehen, die gesehen werden, beeinflusst werden und nicht
zuletzt beeinflussen.

Es scheint, als hätte ein System, das sich jahrzehntelang
vor der Entstehung einer solchen geschlechtsübergreifen-
den Einstellung gefürchtet hat, das seine gesamte Anstrengung darauf verwandt hat, die Frauen durch den Hidschab
zu neutralisieren, das sie dazu ermutigt, die Rolle der
Hausfrau und Mutter zu übernehmen, und das Frauen
generell als Antriebsquelle der Männer und nicht ihrer
selbst will, es scheint, als hätte dieses System am Ende das
Gegenteil davon bewirkt, was es bewirken sollte. Denn in
der städtischen Gesellschaft Teherans sind junge Mädchen
und Frauen in sämtlichen sozialen Bereichen aktiv. 2010
liegt der Anteil an Studentinnen in Teheran bei ein-
drucksvollen siebzig Prozent. Dementsprechend sind es
meist Frauen, die in qualifizierten Berufen nach Arbeit suchen, und das sogar trotz des quantitativen Schwunds durch
Ehe und Mutterschaft.

Diese hohe Anzahl von Studentinnen hat jedoch die
regierenden Fundamentalisten, die sich gegen die weibliche Aktivität sperren, wachgerüttelt. Anfang der 2000er-
Jahre legten sie dem Parlament einen Gesetzentwurf vor,
demzufolge der Zugang der Mädchen zu den Universitäten unter dem Vorwand kontingentiert werden sollte, dass
die Männer die Hauptbeschäftigten in der Gesellschaft

seien und die Mädchen deren Berufschancen verringern würden, was wiederum das Familieneinkommen senke – sprich, das Einkommen patriarchalischer Familien – und die jungen Männer daran hindere, eine Familie zu gründen. Dieser Plan wurde *Projekt zum Schutz der sakrosankten Familie* genannt oder auch, wissenschaftlicher klingend, *Herstellung eines Gleichgewichts zwischen weiblichen und männlichen Studienanfängern.*

Der Gesetzentwurf wurde am Ende nicht ratifiziert, weil er auf den Widerstand von Frauenrechtsgruppen, Studenten und Studentinnen sowie reformorientierten Kräften im islamischen Parlament stieß. Er führte jedoch zu Zugangsbeschränkungen für Frauen zu einigen Studiengängen wie den Ingenieurwissenschaften für die Schwerindustrie, zumal sich Ingenieurberufe nach Ansicht des von Fundamentalisten beeinflussten Wissenschaftsministeriums nicht für Frauen eigneten, zu anstrengend für sie seien und Frauen darüber hinaus nach dem Studienabschluss ohnehin auf religiöse, moralische und traditionsbedingte Hindernisse stoßen würden.

Dem Hidschab, der seinem Wesen nach darauf abzielt, Frauen auf den familiären Bereich zu beschränken, wurde somit nach der Revolution allmählich eine völlig entgegengesetzte Aufgabe zuteil. Vor der Revolution, das heißt zu Zeiten des säkularen Schahs, war den Töchtern und Frauen traditioneller Familien der Zugang zu gemischtgeschlechtlichen Institutionen wie Universitäten oder Behörden nicht erlaubt, weil sich diese Orte mit ihrer relativ freien und weltoffenen Atmosphäre nicht für Mädchen aus religiösen Familien ziemten und es hieß, sie beförderten Sünde und damit Ehrverlust; die Frauen hatten folglich keine Möglichkeit, sich akademisch oder künstlerisch auszubilden. Nach der Revolution hingegen, nach der auf Befehl des damaligen Rechtsgelehrten und Führers der islamische Hidschab für alle Frauen und Mädchen ab neun Jahren zwingend vorgeschrieben wurde, bestand für die Familien, die die Staatsideologie befürworteten, kein Grund mehr, ihre Töchter vom Zugang zu Arbeit und Studium oder von künstlerischen Tätigkeiten abzuhalten.

Die Forderung an die postrevolutionäre iranische Gesellschaft war die »Islamisierung«. So wurde im Zuge der Kulturrevolution, mit der ab dem zweiten Jahr nach der Revolution drei Jahre lang die Schließung und Säuberung sämtlicher Universitäten des Landes einherging, ebenfalls der akademische Bereich islamisiert. Säkulare Professoren und oppositionelle Studenten wurden entweder relegiert oder übernahmen die staatliche Ideologie – sei es auch nur aus opportunistischen Gründen oder dem Schein nach –, und die iranischen Universitäten verwandelten sich nach Vorgabe der Anstifter der Kulturrevolution in »bereinigte« akademische Institutionen, die für die Aufnahme von gläubigen muslimischen Studenten und Professoren bereit waren.

Die markante Zunahme von Mädchen in der akademischen Ausbildung hat ihren Ursprung also in dieser Epoche, und der hohe Anteil von Frauen mit weiterführender Bildung ist seither zu einem festen kulturellen Bestandteil unserer Gesellschaft geworden; ein Mädchen aus jedweder Familie genießt das Recht auf Fortsetzung seiner Studien und letztlich auf berufliche Aktivität nach deren Abschluss.

Einen besonderen Anziehungspunkt für Mädchen und Frauen stellt in diesem Zusammenhang offenbar der kulturelle Bereich dar, sei es, dass sie eine akademische Ausbildung anstreben, Privatunterricht nehmen oder sich autodidaktisch fortbilden. In der Zwischenzeit haben sich sämtliche Zweige der Kultur in Orte der Meinungsäußerung für Männer wie Frauen gewandelt. Und all diese durchweg in den Jahren nach 1979 geborenen Künstler, die eigentlich völlig mit der Staatsideologie und deren religiöser Ausrichtung übereinstimmen müssten, versuchen gemeinsam, die vorgeschriebenen Rahmenbedingungen der Ministerien mithilfe ihrer kodierten künstlerischen Mittel so weit wie möglich zu durchbrechen oder zumindest zu beweisen, dass sie diese Beschränkungen zu überwinden gedenken.

Theater und Bühnen, Kino und Fernsehen sind dabei diejenigen Institutionen, die den meisten Beschränkungen unterliegen. Drehbücher und Dramen müssen im Hinblick auf islamische und politische Moralvorstellungen akzeptabel sein. Die Beziehungen der Figuren dürfen islamischen Sexualvorschriften nicht widersprechen, das heißt, dass die Männer und Frauen auf der Bühne und im Film in einer Verbindung stehen müssen, die *halal*, also religiös erlaubt, ist, sogar dann, wenn das Stück oder der Film auf einem ausländischen Bühnenwerk oder Drehbuch basiert, das einer anderen Kultur, wenn nicht gar Religion angehört.

Frauen und Männer dürfen sich auf der Bühne nicht berühren. Jede Geste, die eine erotische Beziehung andeutet, muss aus dem Text und der Inszenierung gestrichen werden. Die Bewegungen der Frauen dürfen die männlichen Gefühle nicht erregen, und Kleidung wie Make-up müssen den religiösen Vorschriften entsprechen.

Nun stellen Sie sich vor, Sie haben ein Stück des deutschen Dramatikers Heiner Müller, basierend auf dem Medea-Mythos, interpretiert von einem iranischen Regisseur, und dieses Stück soll in Teheran aufgeführt werden. Die Teheraner Medea ist ungeschminkt in eine Kopfbedeckung und in ein langes, weites Gewand gehüllt. Ihre Rivalin Glauke, die Tochter Kreons, hat die Kostümbildnerin zur sittlichen Unterscheidung mit einem Overall bedeckt, und zwar mit einem weiten, damit die Körperumrisse nicht sichtbar werden, und natürlich mit einer hutähnlichen Kappe von der Art, wie man sie bei strenger Kälte trägt und die nur die Augen, Lippen und die Nase vom Gesicht freilässt. Medeas Liebhaber Jason hat dagegen keine Probleme mit der Bekleidung, er trägt eine lange Hose, das Oberteil ist ärmellos.

Das Stück beginnt mit einer Liebesszene zwischen Medea und Jason. Eine Liebesszene, die sich nach der Einmischung von Medeas Bruder vorübergehend in die Darstellung einer liebesbedingten kriminellen Komplizenschaft der beiden bei der Ermordung des Bruders verwandelt, woraufhin die Liebesszene fortgesetzt wird – aber was für eine, zumal auf einer Theaterbühne der Hauptstadt der Islamischen Republik!

Ich habe meine gesamte Jugend im postrevolutionären Iran verbracht und war schon viele Male von der unvergleichlichen Kreativität der Werke iranischer Künstler – ob aus dem Bereich des Theaters, der Literatur, Musik oder bildenden Kunst – fasziniert, denen es mit geringsten Mitteln und lediglich mit einer zuweilen humorvollen Intelligenz gelang, den Adressaten ihre Absicht zu überbringen, ohne die staatlich definierten Grenzen zu überschreiten – und zwar zumeist eine Absicht, die diesen Grenzen zuwiderlief. Bei den Proben für dieses Stück, zu dem ich den Flyer entwerfen sollte, fand ich dennoch überraschend, wie scharfsinnig der Regisseur bei der Darstellung dieser hundertprozentig erotischen Liebesszene vorging.

Der schwarze Tschador ist bekanntlich von jeher das Symbol der Verhülltheit und Sittlichkeit der iranischen Muslimin und wurde bisher von allen islamischen Regierungen gegenüber Mantel und Kopftuch als »besserer Hidschab« gefördert; insbesondere unter der Regierung Ahmadinedschads wird er den Frauen bisweilen sogar mithilfe der Sittenpolizei auf der Straße gewaltsam aufgezwungen oder durch Rundschreiben an Behörden und regierungsnahe Institutionen weiblichen Angestellten vorgeschrieben. Dieser Tschador verwandelte sich nun hier, auf der Bühne einer griechisch-deutsch-iranischen Aufführung, in ein Mittel zur Darstellung einer lustvollen Liebesszene zweier sich unbezähmbar Liebender. In der Szene der Ermordung von Medeas Bruder wurde der Hidschab dann zu einem Schleier zur

Verhüllung des Verbrechens, indem er sich nach der gemeinsamen Tat in ein Taschentuch verwandelte, von dem beide einen Zipfel ergriffen, um sich das Blut des Bruders und dieses Verbrechens hastig und furchtsam von den Händen und vom Dolch abzuwischen.

Medea war also eingehüllt in dieses große schwarze Tuch, unter dem sie sich zuweilen geschickt verbarg, das sie zuweilen wie einen edlen Königinnenmantel lasziv um ihren Körper schlang und wieder öffnete und dann wieder mit raschen Körperbewegungen wie ein Segel über ihrem Haupt flattern ließ, sodass ich schließlich dachte: Selbst wenn diese Medea nackt gewesen wäre, hätte sie nicht derart aufreizend weiblich wirken können, wie mit diesem Stück schwarzem Stoff.

Der Stoff des Tschadors hat die Form eines Halbkreises und muss so lang sein, dass er, wenn sich die Frau die gerade Seite über den Kopf legt und die zu beiden Seiten des Gesichts hinunterhängenden Teile unter dem Kinn zusammenfasst, ihren gesamten Körper vom Scheitel bis zum Fußknöchel einheitlich verhüllt. Die Frau verwandelt sich dadurch in ein schwarzes Dreieck, mit einem Gesicht und einigen Fingern unter dem Kinn.

Bei der Aufführung lag nun ein Zipfel von diesem Stoff in der Hand Jasons, während der Rest Medea umhüllte. Jason zog den Zipfel zu sich heran, als sei dieser Medeas nackter Arm, und Medea schlang bei jeder seiner Bewegungen den Stoff einmal um ihren Körper, sodass die beiden Schauspieler beinah aneinanderklebten, wenn sie auch nach wie vor durch die Falten des Tschadors getrennt waren. Dann wickelte sich Medea mit verführerischen Bewegungen aus dem Stoff und entfernte sich von Jason. Dieses lustvolle Liebesspiel ging weiter, bis Medea und Jason jeweils einen Zipfel des Stoffes mit der anderen Hand ergriffen und hinter ihren Köpfen hochzogen. So standen sie eine Weile reglos mit dem Rücken zum Publikum hinter dem undurchsichtigen Schleier, bewegten dabei sacht ihre Beine, die nur vom Fußknöchel abwärts sichtbar waren, und vermittelten auf diese Weise, ohne eine unmoralische Tat begangen zu haben, dem Publikum zweifellos den Eindruck, dass sie sich heftig küssten.

In der letzten Szene breiteten sie, langsam und Auge in Auge, das schwarze Tuch sorgfältig und beschwingt auf dem Boden aus, das sich dadurch in ihre Liebesstätte verwandelte, und legten sich in der Position von Yin und Yang so nah wie möglich beieinander, allerdings ohne sich zu berühren, auf ihm nieder.

Was wollte ich mehr sehen als diesen Augenblick der körperlichen und seelischen Vereinigung zweier Liebender auf der Bühne? Ich glaube nicht, dass man diese erotische Szene, bei der sich die Schauspielenden nicht berühren durften, im freien Westen hätte besser inszenieren können.

Eine Geschichte für sich sind neben diesen darstellerischen und inszenatorischen Finessen die Wortspiele, bei denen es die Verfasser von Drehbüchern und Theaterstücken sowie die Übersetzer in all den Jahren nach der Islamischen Revolution zu hoher Kunst gebracht haben.

Das Interessante daran ist, je intelligenter und kreativer die Künstler die von den Ministerien aufgezwungenen roten Linien umgehen, desto mehr scheinen die Zensoren zurückzubleiben, zumindest jene, die noch in diesem Bereich tätig sind und naturgemäß zu den treuesten und verlässlichsten Freunden der Fundamentalisten zählen.

Diesen Mangel an intellektuellem Feingefühl kann man beispielsweise an der Art von Zensur erkennen, die ein Zensor der Theaterabteilung des Kultusministeriums 2006 für ein ausländisches Stück verfügte, das am Fajr-Festival, dem wichtigsten staatlichen Theaterfestival Irans, teilnahm:

Auf diesem Festival wurde Büchners Stück *Dantons Tod* von einer Theatergruppe aus Mülheim und in der Inszenierung des berühmten italienischen Regisseurs Roberto Ciulli in Teheran aufgeführt. Bei der Generalprobe hatte der betreffende Zensor an keiner Stelle dieses hochpolitischen Stoffs etwas auszusetzen, abgesehen von Robespierres berühmtem Satz, Danton wolle »die Rosse der Revolution am Bordell halten machen«. Das Problem des Zensors bestand jedoch nicht in der inhaltlichen Aussage, sondern erstaunlicherweise in dem Wort »Bordell«. Seine Intelligenz reichte so weit, dass er dem verzweifelten Ciulli, der nicht wusste, was er nun anstellen sollte, riet, das Wort »Bordell« durch »Hotel« oder »Restaurant« zu ersetzen.

Das Publikum, das das Stück sah, belächelte diese Änderungen. Die Teheraner Zuschauer wissen ganz genau, dass das Pferd keiner Revolution an einem Ort stehen bleiben wird, selbst wenn dieser nicht mehr als Bordell bezeichnet wird, schließlich sind sie selbst Kinder der Revolution.

Und unter diesen Kindern der Revolution gibt es viele darstellende Künstler, die virtuos auf dem Seil der Zensur balancieren, wenn sie wieder einmal auf eines der zahlreichen, täglich wechselnden und planlosen Hindernisse des Kultusministeriums stoßen. Wird zum Beispiel eine Gemäldeausstellung, für die schon eine Galerie, die Rahmen, die Gäste und die Bewirtung vorbereitet und bezahlt sind, zwei Tage vor der Eröffnung plötzlich mit einem negativen Bescheid der Behörde bedacht, kommt es vor, dass sie jegliche Bedenken über Bord werfen und in der Galerie leere Rahmen aufhängen. Die Galeristen und die Gäste bei der Vernissage wissen natürlich genau, was das zu bedeuten hat. Dann verbünden sich die Gäste kurzerhand gegen die Beschränkungen und kaufen einfach die leeren Rahmen, und der schlaue Galerist klebt freudig einen kleinen Kreis an die Wand neben den Rahmen, um die übrigen Besucher ebenfalls zum Kauf zu ermuntern.[2]

Ähnlich waghalsig verschlüsselt werden meist die Poster, Buchumschläge und Cover von Musikalben, wie zum Beispiel jener Flyer, den ich für die Teheraner *Medea*-Aufführung entwerfen soll. Und sollte die

<hr />

2   Dieser Vorfall ereignete sich im Jahr 2002 im Zusammenhang mit der Malerin Parastou Forouhar und der Galerie Golestan unter Leitung von Frau Lili Golestan.

Aufführung selbst kein Erdbeben auslösen, so können wir unsere Stadt vielleicht mit der Veröffentlichung dieser Flyer um ein paar Grade auf der Richterskala erschüttern.

Teheran Taxi

Es ist ein sonniger Tag. Auf einer Wiese vor mir sitzen ein Mann und eine Frau auf einem Tuch, und ein Kind spielt auf allen vieren im Gras. Der Mann hält einen Wollfaden in der Hand, den die Frau rasch zu einem Knäuel aufwickelt.

Von Weitem nähert sich ein hochgewachsener Mann, tritt auf mich zu und fragt: »Haben Sie Streichhölzer?«

Ich gebe ihm Feuer und sage: »Habe ich Sie nicht schon einmal irgendwo gesehen?«

Er antwortet nicht und entfernt sich wieder.

Ich drehe mich um. Das Paar mit der Wolle ist fort.

Es ist jetzt dunkel. In der Ferne entdecke ich eine Hütte mit einem erleuchteten Fenster und gehe langsam auf sie zu. Durch das Fenster ist ein flackerndes violettes Licht zu sehen. Vielleicht läuft drinnen ein Fernseher. Ich trete näher heran. Eine Frau sitzt beim Essen und sieht dabei fern. Ihr geheimnisvolles, nervös wirkendes Gesicht ist im Widerschein des Fernsehers zu erkennen. Mein Blick fällt auf den Teller vor ihr, und ich zucke zusammen. Darauf liegt der Fuß eines Kindes!

Schweißgebadet erwache ich durch meinen eigenen Schrei. Ich schlage die Decke zurück, richte mich halb auf und sehe auf die Uhr. Es ist sechs Uhr morgens. Heute bin ich um halb zehn mit meiner Mutter verabredet.

Ich mache mir einen Kaffee, trete mit der Tasse in der Hand ans Schlafzimmerfenster und setze mich. Ich beobachte die Spatzen, die von den Zweigen des belaubten Kakibaums in meinen Hof hinunterhüpfen, um sich vorsichtig auf dem gekachelten Rand des Hofbeckens niederzulassen.

Unter der warmen Dusche fällt mir wieder der Albtraum ein, während die starke Frau in mir sagt: »Die Träume von Frauen führen in die Irre!«

Anschließend versuche ich, einen Bissen zu frühstücken, und trinke noch eine Tasse Kaffee.

Durch den Türspalt zu ihrem Zimmer sehe ich meine Tochter fest schlafen.

Es ist genau acht Uhr morgens, als ich das Haus verlasse, um mich in das unaufhörliche Treiben Teherans zu stürzen. Anderthalb Stunden habe ich Zeit, um zu meiner Mutter zu kommen. Ich überlege mir, welchen Weg ich nehmen könnte; diese Stadt ist so weitläufig, dass man zu jedem Ziel viele verschiedene Routen wählen kann. Zunächst muss ich allerdings erst einmal unbeschadet die andere Straßenseite erreichen.

Etwas weiter vorn schraffieren die Streifen eines Fußgängerüberwegs den Asphalt. Ich versuche, die Straße an dieser Stelle zu überqueren, jedoch vergeblich. Autos und Mofas fahren in hohem Tempo über die Streifen, lassen mich nicht durch.

Schließlich fasse ich mir ein Herz und gehe bis in die Mitte der Straße, in die Mitte eines Meers von motorisierten Vier- und Zweirädern. Die Mofas umfahren mich rasend von rechts und links, und ich bedeute ihnen und den Wagen mit flehenden Blicken und Gesten, mich hinüberzulassen.

Einer meiner Bekannten hat kürzlich zu mir gesagt: »Eines Tages gerätst du noch unter ein Auto oder Mofa.«

»Weshalb denn?«, habe ich gefragt. »Ist es etwa falsch, über den Fußgängerstreifen zu gehen?«

»Nein, aber du wirfst sämtliche Regeln dieser Stadt über den Haufen! Du musst einfach mutig in die Straßenmitte gehen und darfst keine Angst haben. Die Autos und Mofas wissen schon, wie sie dir ausweichen müssen, weil du ein bewegliches Hindernis bist. Wenn du dagegen ängstlich erstarrt mitten auf der Straße stehen bleibst, kommst du noch um.«

Wahrscheinlich hatte er recht.

Ich gehe also endlich über die Straße und spreche ein Dankgebet, zumal das Überqueren der Straßen in Teheran fast einem Selbstmordversuch gleichkommt.

Nun ist die Suche nach einem Taxi die nächste Herausforderung. Mittlerweile rufe ich den leeren oder halb vollen Taxis bereits seit zehn Minuten zu: »Saadi-Straße!«, und stehe noch immer da.

Sie müssen wissen, dass in Teheran einige Taxifahrer

gegen einen höheren Betrag nur einen einzelnen Passagier und dessen Fahrtziel aufnehmen, obwohl es gegen die Regeln dieser Stadt verstößt. Aber zunächst muss ich Ihnen das System der Teheraner Taxis erklären.

In Teheran funktionieren Taxis nämlich wie kleine Busse und sind verpflichtet, vier Passagiere für eine gemeinsame Route aufzunehmen, die der erste von ihnen vorgegeben hat, wobei der Fahrer von jedem je nach Länge der Strecke eine unterschiedliche Summe Bargeld erhält.

Einige Taxifahrer, und heutzutage gibt es nicht wenige von dieser Sorte, fragen aber bei weiter entfernten Zielen: »Wie viel?« Wenn der Passagier etwa zur »Saadi-Straße« muss und damit eine Route vorgibt, die sich nicht nur aus geraden Abschnitten zusammensetzt, sondern einige Weggabelungen und Kreisel vorsieht, sollte er besser sagen: »Saadi, fünftausend Tuman.« Andernfalls fährt das Taxi, selbst wenn es leer ist, rasch weiter.

Wenn der Passagier diese Summe, die ungefähr das Zehnfache des normalen Fahrtgelds für diese Distanz beträgt, nicht hat oder nicht zahlen möchte und auch nicht telefonisch ein Taxi bestellen will, das wie die Taxis überall auf der Welt funktioniert und ebenfalls teuer ist, muss er den Weg etappenweise in mehreren geraden Strecken mit verschiedenen Taxis oder Bussen und U-Bahnen zurücklegen. Daher sagt er besser lediglich: »Geradeaus.«

Und das tue ich jetzt: »Geradeaus!«

Ein leeres Taxi bremst vor meinen Füßen. Ich grüße und setze mich auf den Rücksitz. Der Fahrer sieht mich

durch den Rückspiegel an und fragt: »Bis wohin geradeaus?« Und ich antworte: »Bis zur Metrostation.«

Es ist jetzt zwanzig nach acht, ich stecke mitten im
morgendlichen Teheraner Stau, mit einem Taxifahrer,
der nur darauf wartet, von den verwaisten Passagieren am
Straßenrand das Wort »geradeaus« zu hören.

Ein Herr in einem grauen, leicht glänzenden Anzug,
wie es der Teheraner Mode dieser Jahre entspricht, ruft
»geradeaus«, und das Taxi bremst. Während der Mann
seine korpulente Gestalt, deren äußere Erscheinung einen
Emporkömmling verrät, auf dem Rücksitz unterzubrin-
gen versucht und dabei näher an mich heranrückt, ertönt
aus seinem Mobiltelefon statt einem Klingelton ein Gas-
senhauer.

Der Taxifahrer fragt gerade: »Bis wohin geradeaus?«,
als der Herr in seinem leicht glänzenden grauen Anzug
statt einer Antwort mit seinem Handy zu sprechen beginnt: »Mamad! Glaubst du vielleicht, mein Geld wächst
auf den Bäumen? Geh doch und mach, was du willst! Ich
hatte es dir schon heute Morgen gesagt, und ich sage es
dir jetzt wieder: Ich habs einfach nicht … Ach, geh und
verkauf all die Eisenträger und lass dir den Scheck aus-
zahlen.«

Der Taxifahrer fragt abermals: »*Agha*, mein Herr, bis
wohin geradeaus?« Und der korpulente Herr erwidert:
»Bis an den Anfang der Bahar-Straße«, und beginnt wieder, sich lauthals mit seinem Gläubiger zu streiten.

Nervös über sein Geschrei sage ich: »*Agha*, entschuldigen Sie!«

»Ja, bitte?«

»Ist dieses Auto etwa Ihr Büro?«, was er überrascht bejaht.

»Bitte sprechen Sie ein bisschen leiser, das hier ist ein öffentlicher Raum und kein Büro oder eine Telefonzelle.«

Doch der Typ schenkt nicht nur meinen Worten keine Beachtung, er setzt sein Gespräch sogar mit erhobenen Augenbrauen fort. Nun ja, das ist eben Teheran mit seinen tausendundeinen Quälgeistern.

Das Taxi hat in dem dichten Verkehr kaum ein paar Meter zurückgelegt, als diesmal eine junge Frau am Straßenrand ruft: »*Agha*, geradeaus!«

Mit dem Handy am Ohr steigt sie ein und setzt sich neben den Herrn Eisenhändler. Das, was sie zur Person am anderen Ende der Leitung sagt, ist nicht zu überhören: »Glaubst du, du kannst mich mit deinen Ausflüchten übertölpeln? Ganz zu schweigen von deinen Bemerkungen, mit denen du mich gestern Abend vor allen blamiert hast. Wenn du Mumm hast zuzuhören, lass dir gesagt sein, dass du meiner Meinung nach ein Prolet bist. Hast du verstanden? Ein Prolet!«

Ich drehe meinen Kopf scheinbar unbeteiligt und möglichst unauffällig etwas nach rechts und befriedige meine Neugier mit einem Blick über den Bauch des Eisenhändlers, der nach wie vor dabei ist zu verhandeln, auf das Gesicht dieser Teheraner Mademoiselle. Wie ich vermutet habe, ist sie eine junge Frau mit blond gefärbtem, beinah weißem Haar, die trotz des erzwungenen

Kopftuchs all ihre Mühe darauf verwendet hat, so viel wie möglich von ihrer hoch aufgetürmten Frisur zur Schau zu stellen. Mit ihrem starken Make-up, das für ein Dinner passend wäre, in Kombination mit der operierten Nase und den wegrasierten, tätowierten Augenbrauen ist sie eine exakte Kopie von Tausenden modebewussten Teheraner Mädchen und Frauen dieser Tage. Viele iranische Mädchen mögen nämlich ihre orientalischen Nasen nicht mehr und lassen sie sich zu Himmelfahrtsnasen umoperieren. Eine Freundin von mir sagt immer, wenn sie solche Mädchen hört, die mit veränderter Stimme persische Wörter mit amerikanischem Akzent aussprechen: »Die haben auch ihre Stimmen himmelwärts operiert.«

Die jungen iranischen Frauen sind außerdem oft mit ihrer Haarfarbe und ihrem Teint unzufrieden. Und während sie ihre Haare mit starken chemischen Mitteln bleichen, setzen sie ihre Haut, ganz im Gegensatz zu ihrer Vorliebe für blonde, blauäugige Westlerinnen, der machtvollen Sonne dieses heißen, trockenen Landes aus – und tragen zuweilen gar Verbrennungen zweiten Grades davon.

Meine Tochter, die nach ihrem Abitur etwas freie Zeit für sportliche Betätigung fand, brachte mich jedes Mal, wenn sie vom Schwimmen in einem Teheraner Frauenfreibad zurückkehrte, mit ihren lustigen Geschichten so zum Lachen, dass ich davon Bauchschmerzen bekam. Geschichten von alten und jungen, dicken und dünnen Frauen, die sich stundenlang rund um das menschenleere Schwimmbecken in der brennenden Mittagssonne Teherans auf ihren Handtüchern ausbreiten, ohne dass ihre Zehen auch nur mit dem Wasser Bekanntschaft gemacht hätten, und von ihren Ratschlägen und Empfehlungen für die eine oder andere selbst erfundene Mixtur für die Haut aus Olivenöl, Karottensaft, Kaffee, Tomaten und Nescafé oder Salzwasserspray – in etwa wirkungsgleich mit Meerwasser – zur Bräunung in diversen Schattierungen.

Der Grund dafür, dass sie sich unter Aufwand von Zeit, Geld und körperlichen Qualen bräunen, leuchtete mir sofort ein, schließlich kenne ich die Jugend und ihre stark von Hollywood und westlicher Werbung beeinflusste Ästhetik schon seit langem; als ich aber hörte, dass die islamische Sittenpolizei, deren Aufgabe die Bestrafung modebewusster, schönheitsfixierter und unzureichend verhüllter Frauen und Jugendlicher ist, diese ästhetischen Maßstäbe übernimmt und gebräunte Haut in ihre Liste antiislamischer Vergehen aufgenommen hat, schwindelte mir, und ich glaubte einen Augenblick, das Drehbuch zu einer fantastischen Filmkomödie von Woody Allen oder Monty Python zu lesen.

Ich wende den Blick von der blonden jungen Frau ab und hefte ihn auf das Meer von Autos vor uns, die im Stau weitgehend zum Stillstand gekommen sind. Dennoch fahren wir langsam weiter, bis ein hochgewachsener junger Mann »geradeaus« ruft, worauf wir anhalten und er sich mit seiner ledernen Studentenmappe auf dem Vordersitz niederlässt.

Der Taxifahrer fragt wieder: »Bis wohin geradeaus?«, und der junge Mann antwortet: »Bis zum Ende dieser Straße.«

Inzwischen verbreitet der Eisenhändler, bei der Auseinandersetzung mit seinem Gläubiger sichtlich ins Schwitzen geraten, einen unangenehmen Geruch im Wagen, und ich denke mir: Wie dieser glänzende Anzug zu ihm passt. Hätte er anstelle dessen doch lieber ein Bad genommen – was offensichtlich mehrere Tage nicht geschehen ist. Während er weiterhin lauthals in sein Handy spricht, bahnt sich bei der blonden jungen Frau eine Versöhnung mit dem verborgenen Mann aus der satellitengestützten Kommunikationswelt an, und nun beginnt das Mobiltelefon des Taxifahrers zu läuten – aber mit was für einer Melodie! Er antwortet: »Was ist bloß los, dass du dauernd anrufst? Ich hab verstanden, ich kaufe Orangen und Kräuter für die *Asch*-Suppe, gut, gut, auch Mayonnaise und Eier, wird gemacht!«

Inzwischen habe ich beschlossen, auszusteigen und den restlichen Weg zu laufen, aber ehe ich den Mund öffnen kann, um den Fahrer zu bitten anzuhalten, läutet das Handy des Studenten mit einer Melodie von Edith Piaf. Ich höre, wie er anscheinend zu einem befreundeten Studenten sagt: »Mach dir keine Sorgen, ich bringe es dir bei, es ist ganz einfach. Alle Kniffe der Differenzialrechnung und Statistik erkläre ich dir innerhalb von zwei Tagen …«

Ich fühle, wie sich beim Klang vier verschiedener Stimmen, die sich über Geschäftliches, Intimes, das Studium und Familiäres unterhalten, eine Panikattacke anbahnt, genau wie dann, wenn mir vom mehrsprachigen, zumeist misstönenden Stimmengewirr in europäischen Zügen übel wird. In solchen Situationen möchte ich nur fliehen, bekomme starkes Herzklopfen und spüre, wie das Blut in meinen Schläfen pulsiert, und Angst ...

In solchen Momenten wünsche ich mir, alle anderen würden wie ich ihre Mobiltelefone abschalten, oder die Natur hätte wie Augenlider auch so etwas wie Ohrenlider vorgesehen.

Ich weiß nicht, was tun. Ich richte die Augen auf den Raum vor mir, um mich möglichst abzulenken, als ich neben dem Rückspiegel des Fahrers das Schild *Rauchen verboten* entdecke und augenblicklich beschließe, diesen öffentlichen Raum mit meinem Zigarettenrauch zu verpesten, so wie die Übrigen ihn mit ihrem Lärm verschmutzen.

Ich taste schon nach dem Zigarettenpäckchen in meiner Handtasche, doch bei der Vorstellung des Kulturschocks, den eine rauchende Frau in dieser vielschichtigen, chaotischen und im Grunde genommen patriarchalischen Gesellschaft bei diesen vier Personen auslösen würde, komme ich davon ab und murmele insgeheim: »Zum Teufel damit.«

Bis zu meinem Ziel fehlt noch eine Kreuzung, und ich bleibe in dieser mobilen Telefonzelle gefangen. Ich schließe die Augen und lausche den Stimmen, die einer Szene aus einem modernen, surrealistischen Film zu entstammen scheinen: »Mann, begreif es endlich, ich hab dir gesagt, die

Eisenträger kannst du behalten.« – »In Ordnung, meine Beste! Zwiebeln und Kartoffeln kaufe ich auch …« – »Übrigens, was glaubst du? Ist Liebe wichtiger oder Verständnis?« – »Mensch, vertrau mir! Kümmere du dich um diese andere Sache und überlass Differenzial, Algebra und den übrigen Mist mir …«

Jetzt schreie ich beinah: »*Agha*, halten Sie bitte an!«

Der Fahrer antwortet seelenruhig: »Wir haben in diesem Stau doch dauernd angehalten, *chanum*, meine Dame!«

Und zum ersten Mal, seit ich das Haus verlassen habe, fällt mir mein Albtraum wieder ein.

Ich zahle 400 Tuman, und die junge Frau mit dem Handy am Ohr und der korpulente Herr steigen aus, damit ich das Taxi verlassen kann.

Als ich anschließend daran vorbeigehe, um zur nächsten Kreuzung zu laufen, von wo aus ich meine Reise mit der U-Bahn fortsetzen will, höre ich noch immer ihre Stimmen, verwickelt in endlose Diskussionen mit den Muscheln ihrer Mobiltelefone.

Inzwischen ist es kurz nach neun, und ich stelle mich in Erwartung des Zuges auf den Bahnsteig, um die vier Stationen bis zur Saadi-Straße durch den Untergrund von Groß-Teheran zu fahren, weil es nur dort keinen Stau gibt.

Die erste Bahn lasse ich durchfahren, sie ist so voll mit Menschen, dass diese sich bis an die Fenster drängen. Ich hätte zwar in den ersten oder letzten Wagen einsteigen können, der Frauen vorbehalten ist, verzichte aber aus Widerwillen gegen diesen patriarchalischen, religiös gefärbten Zwang darauf. Aus demselben Grund fahre ich auch nur selten mit Teheraner Bussen, in denen ein Drittel der hinteren Plätze für Frauen und der vordere Bereich selbstverständlich für Männer reserviert ist.

Seit der Islamischen Revolution hat man sogar mit Stoffbahnen aus Persenning kleinere Abschnitte der Meeresküste für die Frauen verhängt; weitere Orte, an die ich keinen Fuß setze. Die Meeresküste ist schließlich keine Toilette, wo man Frauen und Männer trennen müsste.

Nur mit Mühe komme ich in der zweiten U-Bahn unter. Die Teheraner Metro ist noch jung, im Entwicklungsstadium, und ihre Linien lassen sich an den Fingern einer Hand abzählen. Trotzdem wird sie täglich von Tausenden genutzt, weshalb es nicht verwundert, dass ihre Wagen in den Morgenstunden und nachmittags nach Büroschluss überfüllt sind. Sie können sich vorstellen, dass die Luft in den Abteilen nicht besonders gut riecht. Gleichwohl sind wir Teheraner zutiefst dankbar, weil die Inbetriebnahme dieser U-Bahnen das Verkehrsaufkommen unserer Metropole ein wenig verringert hat.

Abgesehen davon gilt für die U-Bahn, wie für jedes andere aus dem Westen importierte Industrieprodukt, dass ihre Erprobung mit zig Fehlversuchen verbunden gewesen war, ehe sie sich, an die Sitten der Bevölkerung angepasst, in ein einheimisches Phänomen verwandelte. Zum Beispiel gilt dies für die seitenverkehrte Anordnung der Rolltreppen, wobei eigentlich die rechte nach oben und die linke abwärts führen müsste, was für die Iraner eine aus dem Fußgänger- wie Autoverkehr vertraute Einteilung wäre. Die seitenverkehrte Anordnung dagegen verwirrt einen vollkommen, man könnte fast glauben, man würde eine U-Bahn-Station in London oder Sydney verlassen.

Während ich über diese Dinge nachdenke, wird mir mit einem Mal übel. Mein Blick fällt auf einen Mann, dessen Arm zur Griffstange unter der Decke der U-Bahn hochgereckt ist und dessen feuchte Hemdachsel direkt unter meiner Nase hängt.

Unwillkürlich erinnere ich mich an meinen Albtraum. Doch da überhaupt kein Raum vorhanden ist, um sich zu rühren, erdulde ich den Gestank.

Erleichtert vernehme ich die wohlklingende Tonbandstimme einer Frau, die sagt: »Haltestelle Saadi«, bahne mir mit Ellbogen und Stirn einen Weg und springe auf den Bahnsteig. Ich eile die nichtelektrischen Stufen hinauf, die im Gegensatz zu den elektrischen leer sind, und erreiche endlich die helle Saadi-Straße.

Vorbei an Straßenhändlern auf den Bürgersteigen, die Strümpfe und Waschhandschuhe feilbieten, und an kleinen Buchhandlungen, die zunehmend von Mobiltelefongeschäften verdrängt werden, laufe ich durch diese alte Teheraner Straße, die den Namen eines großen Dichters aus Schiras trägt, um Punkt halb zehn an der Haustür meiner Mutter läuten zu können, die genau wie ich niemals zu spät kommt.

Sie öffnet die Tür, ihr Gesicht nähert sich dem meinen für einen Kuss. Ihr Blick verharrt auf meiner gereizten

Miene, während sie mich, die schon auf das Wohnzimmer zugehen will, mit einer sanften Geste zu ihrem Bett dirigiert: »Komm, leg dich fünf Minuten hin.«

Die Gesichter der Stadt

Die Stadt Teheran, in der ich beinahe mein ganzes Leben verbracht habe, hat sich nach der Revolution von 1979, aber auch während des darauf folgenden Iran-Irak-Kriegs grundlegend verändert. Vor dem Krieg, der ein Jahr und neun Monate nach der Revolution begann, sah man überall auf den Hauswänden und Mauern noch aus der Schah-Zeit Werbung für Produkte wie Coca-Cola, Seife von Palmolive und Babynahrung von Nestlé mit blonden, westlich ausstaffierten Frauen und hellen, blauäugigen Kindern und daneben Graffiti aus der Revolutionszeit. Tausendfach wiederholte Slogans wie *Tod dem Schah, Es lebe die demokratische Volksrepublik* oder *Brot, Heim, Freiheit* und außerdem Darstellungen der Gesichter von Lenin, Che Guevara, Dr. Shariati und Khomeini, die mit Schablonen auf die Mauern der Stadt gemalt worden waren.

Während des Kriegs füllten sich diese dann – diesmal auf staatliche Anordnung – zunehmend mit professionellen oder laienhaften Darstellungen von den *schahid*, den »Märtyrern«, wie die Kriegsgefallenen genannt werden, und noch heute kommen immer neue hinzu: Sowohl berühmte als auch namenlose *schahid*, »lebende *schahid*«, wie Kriegsversehrte in der Islamischen Republik heißen, sowie Kriegsgefangene, die als »Freiheitsliebende« bezeichnet werden. Die Ehefrauen und Eltern der Gefallenen sind dabei häufig an ihrer Seite dargestellt.

Der *schahid* hat sich mit der Zeit in eine beliebte Figur jener Werbekampagnen verwandelt, die je nach Inhalt an bestimmten Orten zu sehen sind. An einer Hauswand nahe der israelischen Botschaft etwa – heute die symbolische Botschaft Palästinas – ist ein gefallener Kommandeur zu sehen, der das Kriegshandwerk als Guerillero im Südlibanon erlernte und später im Krieg gegen den irakischen Feind in Südiran fiel. Neben der armenischen Kirche kann man das jesusgleiche Antlitz eines gefallenen iranischen Armeniers mit hellem Bart und traurigen Augen entdecken. Und es gibt mehr als eine Mittelschule, die den Namen oder das Bild des 13-jährigen Hussein Fahmide trägt, der sich im Krieg mit einem Sprengstoffgürtel unter einen feindlichen Panzer legte.

Darstellungen von Widerstandskämpfern, die in den Zeiten von Reza Schah und seinem Sohn für die Freiheit gestorben sind, wurden in den ersten Jahren nach der Revolution ebenfalls oft verwendet – heutzutage sind von ihnen jedoch nur noch wenige erhalten. Am Eingang einer der angesehensten Technischen Universitäten Teherans sind zum Beispiel Gesicht und Name eines Ingenieurs dieser Universität zu sehen, der gegen den Schah kämpfte, später allerdings von seinen Genossen wegen

Abweichung von der Parteilinie hingerichtet wurde. Die Rede ist von Majid Sharif Vaghefi, nach dem die erwähnte Universität benannt ist und dessen Partei heute zu den erbitterten Feinden des iranischen Machtapparats zählt.

Dies sind lediglich einige Beispiele für Hunderttausende von Namen und Gesichtern der *schahid* aus dem Krieg und der Revolution, aber das ist noch lange nicht alles, was die propagandistische Idealisierung von Märtyrertum und Tod in der Islamischen Republik angeht: Nach wie vor wird jeder Protest, sei es wegen zu hoher Brotpreise oder mangelnder Meinungsfreiheit, beantwortet und mundtot gemacht, indem man die Aufopferungsbereitschaft der Gefallenen verherrlicht.

Die Verwendung – ob berechtigt oder unberechtigt, sei dahingestellt – von Namen der Opfer von Gewalt und Krieg beschränkt sich übrigens nicht auf die *schahid* aus den Jahren vor und nach der Revolution, sondern reicht zurück bis in die Zeit vor 1400 Jahren, zu den Anfängen des Islams auf der arabischen Halbinsel und zu Märtyrern aus dem heutigen Palästina, Libanon und Bosnien.

So tragen die Zentren für jegliche Frauenaktivitäten landesweit den Namen von Fatemeh Zahra, der Tochter des Propheten Mohammed, die im Alter von achtzehn Jahren starb. Ein modernes Kinderkrankenhaus in Teheran trägt den Namen von Ali Asghar, einem sechsmonatigen Säugling und jüngstem von 72 Opfern der Angehörigen und Anhänger Imam Husseins, des dritten Imams der Schiiten. Ansonsten stammen die meisten Namen von Institutionen und Orten in Teheran von den Hunderttausenden

Opfern des achtjährigen Kriegs zwischen Iran und Irak. Unzählige Autobahnen, Krankenhäuser, Tunnels, Universitäten, Sportstadien, Pilotenschulen, Kinderhorte sowie Gymnasien, Plätze, Straßen und Kreuzungen, Gassen und Sackgassen sind entsprechend benannt worden, es spielt dabei keine Rolle, ob die Kriegsopfer mit dem betreffenden Ort in irgendeinem Zusammenhang stehen oder nicht.

Abgesehen davon war man in den ersten beiden Jahren von Ahmadinedschads Präsidentschaft bemüht – und setzte es zuweilen auch in die Tat um –, die Leichen der Gefallenen auf den Plätzen und bei den Universitäten Teherans – der Stadt der Lebendigen – feierlich zu bestatten; die Bevölkerung sollte den Tod nicht vergessen. Hierfür wurden nach 21 Jahren die sterblichen Überreste der Soldaten in den Frontgebieten im Süden und Westen Irans ausgegraben, selbst wenn diese zuweilen nur noch aus einigen Knochen oder einer verbeulten Erkennungsmarke bestanden.

Die Studenten haben mit dem Slogan *Dies ist eine Universität, kein Friedhof* dagegen protestiert. Es reicht, sich auf die Kriegsgefallenen zu berufen, um die Rechte der Lebenden zu beschneiden und ihre Forderung nach Brot und Freiheit wegen der Aufopferungsbereitschaft dieser liebenswerten Toten zum Verstummen zu bringen, die wahrscheinlich heute, wenn sie noch am Leben wären, für dasselbe kämpfen würden.

Doch die Studenten, die protestierten, wurden geschlagen und der Hochschulen verwiesen, während auf dem Gelände einiger Universitäten kleine Mausoleen entstanden und die Regierenden das Andenken an die Tapferkeit der Kriegsgefallenen weiterhin für ihre eigenen Zwecke ausbeuteten.

Seit den Vorfällen nach der Wahl von 2009 jedoch, haben sich einige der geliebten *schahid*, deren Gesichter weiterhin auf den Mauern der Stadt zu sehen sind, für den Präsidenten und sein Kabinett in ein Problem verwandelt. Einige dieser Kommandeure, Mitkämpfer oder Leitbilder sind nämlich heute Väter, Ehemänner, Brüder oder Kinder der derzeitigen Oppositionsführer oder derjenigen, die wegen der Proteste, Reden, Filme, studentischen Aktivitäten, der Zugehörigkeit zu einer Organisation als einfache Anhänger oder als Journalisten der linksgerichteten Reformer entlassen, inhaftiert worden oder aber ins Exil geflüchtet sind, sofern man sie nicht getötet hat.

Ein ähnliches Problem stellte sich unserer Islamischen Republik – wie auch später den Amerikanern selbst – nach der militärischen Invasion des Iraks durch die Amerikaner 2003.

15 Jahre nach dem Ende des Iran-Irak-Kriegs wurde der Irak besetzt und Saddam Hussein als Verbrecher, Diktator und Feind der Menschheit bezeichnet. Saddam, der untergetaucht war, wurde gefunden und vor Gericht gebracht. Es war die Rede von der Untersuchung seiner dicken Akte und der genauen Überprüfung all seiner Verbrechen. Es war die Rede von Saddams Überfall auf Kuwait 1991, der nur 72 Stunden dauerte und den viele Menschen im Westen noch immer mit dem Überfall und

dem achtjährigen Krieg gegen Iran verwechseln. Es war die Rede von den Massakern von Dudschail und Halabdscha, von Saddams vermuteten nuklearen, chemischen und biologischen Massenvernichtungswaffen und der Unterdrückung irakischer Oppositioneller.

Selbstverständlich wurden in dem langen, formellen Prozess gegen Saddam Hussein und seine engsten Verbündeten seine Verbrechen ausführlich erwähnt. Sein Angriff auf Iran und die vergeudeten acht Jahre der Völker Iraks und Irans fanden dagegen kaum Beachtung. Ebenso wenig erwähnt wurden die Waffen, die Saddam von der ehemaligen Sowjetunion, Frankreich und anderen westlichen Staaten gekauft hatte, und, schlimmer noch, die Senfgas- und Nervengasbomben, die er vom ehemaligen Westdeutschland erhalten hatte.

Selbst 21 Jahre nach dem Ende des Iran-Irak-Kriegs fallen die Opfer der chemischen Angriffe – seien es die jungen Soldaten von damals, die zu Invaliden mittleren Alters geworden sind, oder die Bewohner der Städte Sardasht und Zardeh, die zu jener Zeit Kinder waren – stumm und ohne Beachtung der in- und ausländischen Medien ins Grab; und das nach Jahren unerträglicher Schmerzen.

Die Bewohner der Stadt Sardasht und des Dorfes Zardeh, nahe der irakischen Grenze in der kurdischen Provinz Irans, wurden teilweise – im Fall des Dorfes Zardeh allesamt – zu Opfern der chemischen Bombardements durch den Irak im Juni 1998, dem letzten Monat des Krieges. Viele von ihnen leiden inzwischen an Krebs oder haben Lungenschäden davongetragen, die ihr Leben prägen.

Jene, denen es möglich ist, gehen mit Sauerstoffkapseln und -maske in die Schule oder zur Arbeit, wie traurige Astronauten in einem Vakuum. Die meisten von ihnen sind jedoch invalid und in ihre ärmlichen Hütten eingesperrt oder wagen sich nicht hinaus, weil sie sich ihrer hässlichen und schmerzhaften Hautverätzungen schämen.

Die erschütternden Bilder von Halabdscha gingen um die ganze Welt, während die von Sardasht und Zardeh bis heute vor den Augen der Weltöffentlichkeit verborgen geblieben sind – dabei haben die Menschen dort ein ähnliches, unglaublich brutales Schicksal erlitten.

Interessanterweise behauptet die deutsche Regierung, sie hätte nichts vom umfangreichen Handel deutscher Firmen gewusst, die jahrelang Chemieprodukte an den Irak verkauften, von einem Handel, der natürlich illegal war und geheim abgewickelt wurde. Vielleicht behauptet die Regierung dies sogar zu Recht – dann müsste man sich allerdings um ihren Nachrichtendienst und ihre verschlungene Handelsbürokratie sorgen –, hatten doch diese Firmen zur Massenherstellung von Senfgas und Nervengas eine Fabrik in Samarra errichtet, mitten im Irak, Tausende Kilometer von Bonn entfernt.

Noch interessanter und schmerzlicher war die Aufnahme iranischer Giftgasopfer in deutsche Rehabilitationskliniken, die die Opfer, selbstverständlich auf Kosten des iranischen Staates, behandelten und an ihnen Forschungen über die Folgeschäden des Kontakts und des Einatmens von Giftgas durchführten. Fast, als seien sie Versuchskaninchen.

Das Schweigen der damaligen iranischen Regierung wie auch der Regierung Ahmadinedschads zum amerikanischen Angriff auf den Irak trotz unzähliger Protestmärsche weltweit gegen diesen militärischen Akt war für die iranische Bevölkerung ein Rätsel.

In Iran, wo der Staat freitags häufig nach dem Gemeinschaftsgebet Proteste mit Hunderten Teilnehmern inszeniert, sei es gegen den Abdruck von Karikaturen in einer europäischen Zeitung, gegen den Händedruck eines Reformers mit einer Frau oder den Satz eines israelischen Ministers über Palästina, und diese im Fernsehen durch Heranzoomen wie riesige Massenveranstaltungen erscheinen lässt, war die Öffentlichkeit erzürnt, dass keine einzige Demonstration gegen Bushs Angriff auf den Irak veranstaltet wurde. Stattdessen nahm der iranische Staat übereilt und mit großem Getöse freundschaftliche Beziehungen zur neuen irakischen Regierung auf.

Das iranische Volk war nicht deshalb erzürnt, weil die leidgeprüften Iraker von ihrem Diktator befreit worden waren oder weil es die Verbrechen, die Saddam gegen sein Volk, die Kurden und übrigen ethnischen und religiösen Minderheiten sowie gegen die Oppositionellen begangen hatte, geringer einschätzte als die iranischen Kriegsgefallenen. Das Volk war vielmehr erzürnt über die Gleichgültigkeit der eigenen Regierung und der übrigen Welt angesichts der bitteren Tatsache, dass die iranisch-irakische Grenze weiter entlang der 1977 festgelegten Linie verläuft, während über eine Million Menschen aus beiden Ländern geopfert worden sind und beide Länder jahrelang schwer an den ökonomischen und sozialen Folgen des Krieges zu tragen hatten, ohne dass dieser hinterfragt oder seine Sinnlosigkeit erwähnt worden wäre.

Saddam Hussein wurde schleunigst hingerichtet, ohne dass er sich gegenüber seinem oder dem iranischen Volk verantwortet hätte. Und niemand stellte fest, und niemand wird mehr feststellen können, welche Staaten und Personen den beiden Kriegsparteien, ob legal oder illegal, chemische und biologische Massenvernichtungswaffen verkauft haben. Diese Akte musste geschlossen bleiben und blieb es auch.

Nach der Besetzung des Iraks war es in Iran an der Zeit, den Krieg nicht mehr allzu oft zu erwähnen. Es war an der Zeit, die Bevölkerung vergessen zu lassen, dass es einen Krieg, dass es Opfer und Schäden gegeben hatte, dass der Krieg nach Jahren der politischen und gesellschaftlichen Ausschlachtung letztlich ergebnislos geblieben war. Nach Juni 2009 mussten der Krieg und seine *schahid*, deren Nachkommen zu jenen zählten, die gegen Ahmadinedschads umstrittene Wiederwahl protestiert hatten, erst recht gemieden werden.

Was aber soll man gegen die unzähligen Bilder und Namen der *schahid* auf den Mauern und Straßenschildern der Stadt ausrichten?

Im Sommer 2007 sah ich auf dem Bürgersteig einer hübschen, touristischen Straße in Istanbul – die voller Läden mit westlicher Mode, Cafés und Restaurants ist – die Fiberglas-Skulptur einer lebensgroßen Kuh stehen, die anstelle von Flecken das berühmte weiße Kreuz der Schweizer Flagge trug. Diese Skulptur war eine von vielen, die im Sommer 1998 im Rahmen einer Kunstkampagne mit unterschiedlichen Dekors überall in Zürich aufgestellt worden waren. Die Kampagne wird von Sponsoren zur Unterstützung der Künstler und als Werbung für ihre eigenen Produkte alle paar Jahre in europäischen Städten veranstaltet. Die Kunstwerke werden dabei ebenfalls aus wirtschaftlichen Gründen an andere Städte oder private Interessenten verkauft.

Ich habe beispielsweise eine Vasen-Kampagne 2009 und die Bären-Kampagne 2005 in Zürich miterlebt. Letztere hatte die Stadt mit dicken, mehr oder minder hässlichen und unterschiedlich dekorierten Bärenkindern aus Plastik überschwemmt: Vor allen möglichen Geschäften oder Banken waren Bären in unterschiedlichen Posen, Bekleidungen, Altersklassen, mit unterschiedlich bemalten Gesichtern sowie eindeutigen Werbebotschaften zu sehen.

Ich meine, dass diese Kampagne genau während des Aufruhrs über die Entdeckung des letzten Braunbären beim Ofenpass an der italienischen Alpengrenze der Schweiz gestartet wurde, das heißt, hundert Jahre nachdem zum letzten Mal ein solcher Bär in dieser Region gesichtet worden war. Im selben Sommer, ganz zufällig.

Der vorherige Bär war 1904 in Graubünden bei Val S-charl entdeckt und von einem Bürger abgeschossen worden. Das Erinnerungsfoto des stolzen Jägers und der Gemeindemitglieder mit dem Kadaver des armen Bären ist noch immer in mehreren Hotels und Restaurants des außerordentlich hübschen Dorfs zu sehen.

Am Ende des Sommers 2005, nach Ablauf der Kampagne, wurden die Bärenskulpturen aus der Stadt entfernt. Wahrscheinlich hat man sie wie die Kühe der Vorgängerkampagne verkauft.

Das Ablaufdatum der iranischen Kriegsgefallenen ist ebenfalls erreicht. Sollte man ihre Bilder und Namen vielleicht auch einsammeln? Oder verkaufen? Aber was ist mit den Erinnerungen?

Alltag

Morgens gehe ich oft einkaufen und schaue, ob es irgendetwas Interessantes beim Krämer, beim Obstladen und eventuell auch beim Metzger gibt – als Anregung für das Mittagessen. Eigentlich war und ist mir das Mittagessen nicht sonderlich wichtig, ich muss aber daran denken, seit ich wieder Mutter bin, zumal die einer 19-Jährigen, weil Jugendliche immer hungrig sind, sofern sie sich zwischen der Lektüre ihrer SMS und Schulbücher und den kurzen Pausen zwischen ihren endlosen Telefonaten überhaupt ans Essen erinnern. Die Mahlzeit muss gegen ein oder zwei Uhr mittags fertig sein und ist für meine Tochter Frühstück und Mittagessen in einem.

Für mich, die die eigene Jugend in den aufregenden frühen Revolutionsjahren und zu Zeiten des Iran-Irak-Kriegs schon beinah vergessen hatte, ist das andersartige Leben der jungen Teheraner aus der Mittelschicht der 2010er-Jahre ein Anlass zu vielen Vergleichen. Zum Beispiel sind den jungen Teheranern von heute ihr Privatleben und die eigenen Aktivitäten außerordentlich wichtig.

Das war zu meiner Jugendzeit zwar nicht anders, doch wurden diese Dinge damals nicht entsprechend anerkannt.

Außerdem leben die Jugendlichen heute meist als nachtaktive Wesen. Sobald es dunkel wird und die übrigen Familienmitglieder schlafen gehen, fängt ihr Leben erst richtig an. Was sie von spät in der Nacht bis zum Morgengrauen treiben, habe ich allerdings noch immer nicht genau herausfinden können – wahrscheinlich deshalb, weil sie es am helllichten Tag täten, wenn wir Eltern es erfahren sollten.

Sie selbst behaupten, sie würden ihre Bücher mit größerer Konzentration lesen, ohne die üblichen Ablenkungen des Tages für die Schule lernen und ihre Zimmer aufräumen, ohne dass sie sich die Belehrungen ihrer Eltern zum Thema Ordnung anhören müssten, und natürlich würden sie nachdenken und ihre Zukunft planen. Gott weiß, vielleicht tun sie ja tatsächlich genau diese Dinge. Welcher Art auch immer die Aktivitäten dieser Teheraner Nachtschwärmer sein sollten, sei es, wie von ihnen geschildert, sei es, dass sie westliche, illegal gebrannte Filme auf ihren Computern anschauen, durch die Hintergassen Tausender Internetseiten, durch Chats und Tweets streunen, seien es weitere endlose Telefonate oder einfach nur reines Nichtstun, das Endergebnis bleibt sich gleich: Erst gegen Mittag tauchen sie hinter den geschlossenen Türen ihrer Zimmer auf – und zwar mit hungrigen Mägen.

Sollte das Mittagessen beim Auftauchen meiner hungrigen Jugendlichen, die nach ihrem kurzen Schlaf vom

Morgengrauen bis zum Mittag nicht besonders gut auf-
gelegt ist, nicht fertig sein, oder sollte es, wie ich selbst
zugebe, nicht besonders lecker und abwechslungsreich,
sondern lediglich gesund, günstig und nahrhaft sein und
keinen Anklang bei ihr finden, besteht die Gefahr eines
Protests. Der Morgen ist daher für mich die beste Zeit
zum Einkaufen und Kochen, um den Ausbruch verdau-
ungsbedingter Aufstände zu verhindern, ehe es zu spät ist.

Zum Kochen verwende ich am liebsten frische Produkte; ich habe noch nicht die Gewohnheiten iranischer
Familienmütter übernommen, die fleißig wie Ameisen
stets damit beschäftigt sind, ihre riesigen, mehrstöckigen
Kühltruhen mit Fleisch, Geflügel und Fisch, zerkleinerten und kochfertigen Kräutern, Brot, eingeweichten Hülsenfrüchten und tausenderlei speziellen Würz-
mischungen zu füllen. Vielleicht haben die Iraner diese
Eigenschaft wegen der wirtschaftlichen Stagnation während der Kriegszeit beibehalten, vielleicht reicht sie aber
auch weiter zurück und ist in diesem relativ trockenen
und politisch wie geografisch unsicheren Land historisch
bedingt.

Diese Damen sind immer an den saisonalen Neuhei-
ten interessiert, die sie in großen Mengen einkaufen, unter Zeitaufwand zubereiten und in den verschiedenen
Etagen ihrer Gefriertruhen sorgfältig einlagern: unreife
Trauben und Berberitzen, Granatapfelsirup und Zwetsch-
genmark, Rhabarber, Sellerie und Bärlauch, gemahlene
Walnüsse, entkernte Sauerkirschen und derlei mehr.

All das wird für die schmackhaften iranischen Gerichte verwendet, die, im Gegensatz zu den Vorstellungen der Westler, mit Ausnahme der Speisen aus dem heißen, feuchten Süden Irans, keineswegs scharf sind. Es sind schwierige und komplizierte Gerichte, und sie erfordern viel Sorgfalt und Geduld – beides Eigenschaften, die mir natürlich fehlen.

Zu den wichtigsten gehört *Choresch*, eine Art Eintopf mit oder ohne Fleisch, der zu Reis oder gelegentlich auch zu Brot gegessen wird, wie zum Beispiel *Choresch Gheymeh* mit gewürfeltem Kalbfleisch, geschälten gelben Erbsen und Tomatenmark.

Die gemischten *Polous*, Reisgerichte, zählen ebenfalls zu den üblichen iranischen Speisen, die sich rasch zubereiten lassen und bei Kindern sehr beliebt sind. Eine Mischung aus Reis, Fleischwürfeln oder Hackfleisch und Kartoffeln – wundern Sie sich nicht, wir Iraner verwenden mehrere stärkehaltige Nahrungsmittel für ein Gericht, dazu manchmal sogar Brot – sowie Tomatensaft ergibt beispielsweise ein leckeres, orangefarbenes Gericht namens *Estamboli Polou*; *Addas-Polou* wird dagegen mit Linsen, Reis, Korinthen und Datteln gemacht. Das sind nur ein paar Beispiele von der langen Liste der *Polous* meiner Heimat.

Bei allen *Tschelos* – aufwendigen Reisgerichten –, und bei gemischten *Polous* wird der Reis während des Dämpfens im Öl am Boden des Topfes für eine Stunde oder länger geröstet. Diese geröstete, relativ harte und zuweilen unzerkaubare Kruste ist das *Tah-Dig*, bei der alle, insbesondere die Kinder, darum wetteifern, wer das größte Stück bekommt.

Eine weitere Art iranischer Gerichte, die preiswerter ist und sich schneller zubereiten lässt, sind die *Kukus*, die hauptsächlich aus Eiern, einer oder mehreren Kräutersorten und Sommergetreide bestehen. Sie ähneln in etwa der Schweizer Rösti.

Den kalten Jahreszeiten sind dagegen Eintöpfe wie *Abguscht* oder Kräutersuppen wie *Asch* vorbehalten. Für sie verwendet man eine Mischung aus Hülsenfrüchten, Kräutern und Würzungen wie Granatapfelsaft, den Saft unreifer Trauben, Joghurt und Molke. Beide zählen zu den traditionellen Gerichten, die allmählich in Vergessenheit geraten.

Das Kebab dagegen hat sich inzwischen wegen der hohen Fleischpreise und der Notwendigkeit eines Kohlengrills für jene, die heute in Großstädten in Apartments wohnen müssen und nicht einmal einen kleinen Balkon haben, in ein Gericht verwandelt, das sie in seiner richtigen Form selten und ausschließlich in Kebab-Restaurants essen können; in Tagen wie diesen greift man jedoch angesichts der Inflation nur höchst zögerlich zum Geldbeutel, wenn es einen nach Kebab oder Schaschlik gelüstet.

Abgesehen von Kebab koche ich all diese Gerichte zu Hause, und zwar mit frischen Zutaten, die ich alle paar Tage in kleinen Mengen kaufe.

In der Nähe meiner Wohnung gibt es keine großen Supermärkte, wie sie im Westen üblich sind und in denen man alles kaufen kann. Zwar gibt es viele große Supermarktketten in Teheran, und ihre Zahl nimmt täglich zu, ich aber gehe zum Einkaufen in kleine spezialisierte Geschäfte.

Beim Krämer, mit dessen aus dem iranischen Aserbaidschan stammendem Verkäufer ich politische Nachrichten austausche, kaufe ich Joghurt, Speiseöl, Tee, Salz und Gewürze, beim Obstverkäufer Obst und Gemüse, beim Bäcker frisch gebackenes Fladenbrot, von dem ich meist schon vor der Rückkehr nach Hause ein Viertel abgeknabbert habe, und beim Metzger Kalbfleisch und Geflügel.

Zu Letzterem gehe ich nur noch alle zwei oder drei Wochen, so teuer sind die proteinhaltigen Lebensmittel in den vergangenen Jahren geworden. Ähnliches gilt allerdings für die anderen. Der Preis für ein Kilo Kalbfleisch beträgt in Euro inzwischen … Ach, lassen wir's. Es lohnt sich nicht, das auszurechnen und meine Nerven zu ruinieren, wenn ich an das Ausmaß der Inflation und an die schwere Armut denke, die sie bei einem Großteil der Bevölkerung ausgelöst hat. Sie sollten nur so viel wissen, dass, wenn ich vom Einkaufen in diesen drei, vier Läden mit vollen Plastiktüten nach Hause zurückkehre, der Umfang meines Geldbündels von ein-, zwei- und fünftausend Tuman-Scheinen in meinem Portemonnaie, das vor dem Einkauf anderthalb Zentimeter betragen hatte, jedes Mal auf wenige Zehntel Millimeter zusammengeschrumpft ist; das entspricht etwa ein oder zwei Scheinen im Wert von ein- oder zweitausend Tuman.

Zumal ich als Kulturarbeiterin in dieser Flaute kultureller Produktionen jede Menge Zeit und Energie darauf verwenden muss, den Umfang meines Banknotenbündels für den Lebensunterhalt einer weiteren Woche auf mindestens drei oder vier Zentimeter zu erhöhen, beschließe ich meistens, anstelle der traditionellen, komplizierten und zeitraubenden Mahlzeit, an die ich morgens noch gedacht hatte, ein Schnellgericht wie *Kuku* oder höchstens einen *Polou* aus Reis, Tomaten und Kartoffeln zu kochen und anstelle von Fleisch oder Geflügel lediglich deren Geschmack in Form von einem oder zwei Würfeln in Wasser aufgelöster Maggi-Bouillon hinzuzufügen. Der Tessiner Erfinder und Hersteller dieser schmackhaften Brühwürfel sei gelobt. Dank ihm können wir in Teheran unsere Mägen gelegentlich mit dem Geschmack von Fleisch oder Huhn betrügen und einige Millimeter Banknoten einsparen.

Wenn ich schließlich alles Nötige eingekauft habe, kann es endlich losgehen. Ich wasche den Reis und weiche ihn mit etwas Wasser und Salz ein. In einem Topf dünste ich Zwiebeln und Gewürze mit ein wenig Öl an, gebe die zerkleinerten Kartoffeln hinzu und brate sie ebenfalls kurz an. Dieser Mischung füge ich einen Esslöffel Tomatenmark hinzu, ein paar geriebene Tomaten, Salz und ein Glas Wasser; einige Minuten geduldigen Wartens und eventuell ein Glas Tee und eine Zigarette, die jedoch nicht zu den Zutaten zählen, bis es Zeit ist, den eingeweichten Reis in den Topf zu schütten und diese Mischung ein-, zweimal umzurühren. Danach kann ich gehen und mich an den Computer setzen, während ich darauf warte, dass die kleine Flamme des Gasherds den Reis langsam gar werden lässt.

Meine Arbeit in der Küche ist beendet, und jetzt ist meine Tochter an der Reihe; ob ihr diese Mahlzeit zusagt, nachdem sie vor wenigen Tagen dasselbe hat essen müssen, einmal mit Joghurt, ein anderes Mal mit Sauerkonserven, dann wieder mit Salat oder frischen Kräutern, damit sie glaubt, sie würde jedes Mal ein anderes Gericht essen?

Wenn nicht, wird sie ihren Protest kundtun: Sie wird sich weigern, mein Gericht zu essen, indem sie sich etwas überzieht, um zum Sandwichladen am Anfang der Straße zu gehen oder, noch hochmütiger und extra zur Bloßstellung meiner mütterlichen Schwachpunkte, auf eigene Kosten bei einem Teheraner Fastfood telefonisch ein Essen zu bestellen, wie viele junge Teheraner, die meiner Meinung nach weder wirtschaftlich denken können noch die Grundsätze einer gesunden Ernährung kennen.

In solchen Fällen läutet eine Weile nach dem Telefonat ein junger Mann an der Haustür, der eine Jacke mit gelb-rotem, weiß-rotem oder grün-rotem Design trägt – Rot als Symbol für Ketchup, dieser schädlichen, wirkungslosen, dick machenden Würze, die sich in dieser Stadt ungemeiner Beliebtheit erfreut –, mit einer riesigen, aufgeblähten Plastiktüte und einem Kassenzettel in den Händen und sichtbar ungeduldig, diesen voluminösen Plastikbeutel bei seiner Kundin abzuliefern und den Betrag zu kassieren.

Anschließend bedeckt die Plastiktüte, auf der für gewöhnlich in Rot Name und Adresse des Fastfoods abgedruckt sind, den halben Esstisch. In dieser großen Tüte befindet sich eine weitere, die das Sandwich enthält, eine Plastikflasche mit einem kohlensäurehaltigen Getränk, Pepsi oder Coca-Cola oder eine Orangenlimonade ebenfalls mit dem Nachsatz Cola oder eine durchsichtige Limonade wie Wasser, etwas in der Art von 7up oder Sprite. In Teheran gibt es so viele iranische und ausländische Cola-Sorten mit unterschiedlichen Namen, die allerdings meist gleich schmecken, dass die Leute sich nicht die Mühe machen, sich ihre Namen zu merken und vereinfachend schwarzes, gelbes oder weißes Getränk sagen. Selbst wenn man sich damit abfindet, dass eine braune Cola als schwarzes Getränk bezeichnet wird, habe ich noch nicht begriffen, was an transparenten Flüssigkeiten wie Wasser weiß sein soll.

Der Rest, der nach und nach aus der allmählich in sich zusammensinkenden Tüte kommt, besteht aus einem weiteren transparenten, verschweißten Plastikbeutel mit einer Serviette, einer Gabel und einem Messer aus Plastik, weiteren kleinen Päckchen mit Salz und Pfeffer sowie mehreren aufgeblähten Tütchen mit Soßen – Tomatensoße, Mayonnaise, Senfsoße, French Sauce, Thousand-Island-Soße – und selbstverständlich einer weiteren Plastiktüte mit einem langen, breiten und gestreiften Trinkhalm vom Durchmesser eines Kugelschreibers. All das wird rituell auf der einen Tischhälfte ausgebreitet und die leeren Tüten und Schachteln auf der anderen Hälfte angehäuft.

Das Sandwich ist zwar noch immer in der Aluminiumhülle verborgen, angesichts seiner Länge und Breite kann man aber davon ausgehen, dass es ein echtes Teheraner Sandwich ist. In Teheran besteht ein Sandwich fast immer aus der Hälfte eines großen, rund 65 Zentimeter langen Baguettes, das dem Namen und der Länge nach französisch ist, dem Umfang nach jedoch mindestens viermal so breit. Es ist auch nicht so knusprig wie ein echtes Baguette und nach Geschmack der Iraner aus weißem, kleiefreiem Weizenmehl hergestellt.

Die Iraner haben seit einigen Jahren ihren traditionellen Brotsorten unter dem Namen »Fantasie-Brot« ausländische Sorten hinzugefügt, die allesamt flache, kaum voluminöse Fladenbrote sind. Sie verfahren mit ihnen aber wie mit den einheimischen, indem sie das Brot von seinem weichen Innenteig befreien. Das ergibt die knusprige Hülle eines ehemals westlichen Brotes, die zur Aufnahme von Einlagen bereit ist.

Dieselben Iraner, die kulturelle, traditionelle und religiöse Vorbehalte gegen die Verschwendung von Brot haben, es als Gottes Segen bezeichnen, es nicht mit einem Messer aufschneiden und die es, wenn sie ein Stück davon unterwegs auf der Erde liegen sehen, küssen und auf einen Sockel oder Vorsprung legen, damit eine Katze oder ein Vogel es fressen kann, diese Iraner erdolchen interessanterweise sorglos das französische oder deutsche Brot mit einem Messer und werfen seine gesamten warmen Innereien ohne die geringsten Gewissensbisse in den Abfalleimer. Eine Art kultureller Verdauungskrieg zur Iranisierung jeglichen westlichen Phänomens.

Wenn das Sandwich schließlich aus seiner Hülle gewickelt ist, ist seine Kruste vor lauter Mayonnaise und Ketchup meist schon ganz aufgeweicht. Die iranischen Sandwichproduzenten bestreichen nämlich im Hinblick auf den allgemeinen Geschmack ihrer Kunden beide Innenseiten des Brotes freigiebig mit verschiedenen Soßen, beinah ohne Rücksicht auf die Hauptsubstanzen, die aus Rindswürstchen, kalten Scheiben Kalbs- oder Geflügelwurst, Hamburger-Patty, salatartigen Zutaten mit diversen Kräutern oder sogar Herz und Leber bestehen können.

Ein Freund, der Maler ist und viel Humor hat, sagt über den übertriebenen Verbrauch von Soßen in Teheran, die Sandwichmacher würden diese bestimmt mit Schaufeln in die Brote der Kunden schütten und sich nicht die Mühe geben, ihre Schaufel einen Augenblick beiseitezulegen, um die Kunden zu fragen: »Mögen Sie diese fettige Mayonnaise überhaupt? Ist dieses salzig-süße Ketchup nach Ihrem Geschmack?«

Abgesehen vom Geschmack glaube ich, dass jeder, der eine dieser riesigen fettigen und salzigen Schnitten mit einer Flasche süßer Cola verzehrt, eigentlich wie eine Boa mehrere Stunden lang reglos verharren müsste, bis sein Magen diese Masse schwerer Substanzen identifiziert und verdaut hat. Und im Falle meiner Jugendlichen geschieht prompt genau das: Sie versteckt sich wieder hinter verschlossener Tür in ihrem Zimmer.

Was die schutzlose Natur betrifft, so steht angesichts dieses Volumens an Plastikabfall ihr Schicksal ebenfalls fest. Es dauert mindestens vierhundert Jahre, bis sie ihn zersetzt hat, in dieser Stadt, die über kein funktionierendes Recyclingsystem verfügt.

Bis vor der Revolution von 1979 glichen die Sandwiches und die anderen Imbisse ungefähr denen, die im Westen für den Hunger zwischendurch und als Nebenmahlzeiten verwendet wurden: Sie waren klein, fein und nützlich. Und sie waren niemals Ersatz für die warme häusliche Hauptmahlzeit, die die Mutter mit großer Hingabe und Geduld für die Familie zubereitete, zu der alle zusammenfanden und die man bedächtig und unter Einhaltung aller Förmlichkeiten verzehrte. Sie wurden während der Freistunden oder Pausen in der Schule, am Arbeitsplatz oder auf einer Reise mit Bus oder Bahn gegessen. Keiner ging zum Essen mit Freunden oder Familienmitgliedern in einen Sandwichladen, es hätte überdies als stillos gegolten. Für solche Gelegenheiten wählte man die verbreiteten Kebab-Restaurants oder Gaststätten, die *Tschelo Choresch* servierten. Besser Betuchte und Liebhaber besuchten dagegen Restaurants mit europäischer Küche.

Erst nach der Revolution schossen die Imbisse und Schnellrestaurants in Iran, insbesondere in Teheran, allenthalben wie Pilze aus dem Boden. Ein Grund dafür war vielleicht, dass sowohl die Revolution als auch der anderthalb Jahre später einsetzende Iran-Irak-Krieg viele arbeitslos gemacht hatte und die ökonomische Lage des Landes auf das Niveau einer Kriegswirtschaft herabsank. Die Menschen begannen daher, sich Berufen in der Zubereitung und im Verkauf von Nahrung zuzuwenden,

Berufen, die der Befriedigung der unverzichtbaren Grund-
bedürfnisse der Gesellschaft dienen.

Viele arbeiteten zwangsläufig und ohne professionelle Kenntnisse. Das galt zum Beispiel für die mittleren
und unteren Ränge der kaiserlichen Armee, die nicht geflohen waren, aber ihre Stellungen verloren hatten; oder
für Universitätsprofessoren, die im Zuge der Kulturrevolution entlassen wurden, das heißt Opfer der »Säuberun-
gen« geworden waren. Das galt ebenso für manche Film-
schauspieler oder Popsänger, die über Kapital verfügten,
jedoch nicht mehr auftreten durften und die aus diversen
Gründen in Iran geblieben waren, statt etwa nach Los
Angeles zu ziehen, wie auch für die Inhaber von Bars
und Kneipen, die unter allen Umständen ihre Familien
ernähren mussten und über etwas Erfahrung auf diesem
Gebiet verfügten. Und Kriegsflüchtlinge aus dem Süden
und Westen Irans, die in die Großstädte fern der Fronten
geflohen waren und die ihre gesamte Habe verloren oder
aufgegeben hatten, boten Spezialitäten aus ihren Her-
kunftsregionen an.

Es gab allerdings ebenfalls solche, die diese Beschäftigung bewusst und findig gewählt hatten, weil Imbisse
eine Neuheit oder preisgünstig und für jedermann er-
schwinglich waren.

Die Stadt füllte sich mit Buden für Kebab, heißes Brot
und Piroggen aller Art, mit Take-away-Restaurants, mit
Läden für scharfe und frische Falafel und Sambusas, für
türkisches Kebab im Brotmantel und schließlich mit riesigen neuartigen Sandwichläden und Pizzerias, die allmäh-

lich in Gestalt von großen, glitzernden Schnellrestaurants die Imbissläden aus ihrer traditionellen Funktion verdrängten und diese Nebenmahlzeiten in neuen, anormalen Dimensionen in Hauptmahlzeiten verwandelten.

Heutzutage sind die Teheraner Fastfoods das genaue Gegenteil ihrer westlichen Vorbilder. Diese Imbissläden, die ich scherzhaft als »Slow-Food-Restaurants« bezeichne, sind ein Treffpunkt für die Jugendlichen, die mit ihren Freunden einen netten Abend verbringen und sich ganz gemütlich an einem Ort unterhalten wollen, der ihrer Meinung nach schick und »upper class« ist.

Die Schnellrestaurants, meist modern und meiner Ansicht nach kitschig eingerichtet, sind für gewöhnlich in gut besuchten Einkaufsgegenden im reichen Norden der Stadt, die vor lärmenden jungen Kunden aus allen Nähten platzen. Diese planen ihre Besuche oft Stunden im Voraus, um sich dort in ihrer besten Aufmachung zu präsentieren, wenn möglich mit den auf Hochglanz polierten Wagen ihrer Eltern.

All dies geschieht scheinbar zum Verzehr eines Sandwichs oder einer Pizza, deren Hauptbestandteil vor lauter Tomatensoße und verwässertem Käse nicht mehr zu erkennen ist, zu großen Schlucken gelber, schwarzer oder weißer Cola; in Wahrheit ist die Hauptabsicht der Jugendlichen aber, dem Freund, der Freundin oder den übrigen Gästen zu zeigen, dass ihre Kleidung und ihr Essensgeschmack nicht besonders iranisch oder nach Teheraner Art ist, sondern vielmehr denen der Hollywoodgestalten auf dem Monitor oder Fernsehschirm gleichen, mit denen sie übers Internet, durch Antennen und Satellitenschüsseln verbunden sind.

Das Bedürfnis der Jugendlichen nach solchen Treffpunkten ist in den vergangenen Jahrzehnten so groß geworden, dass jedes neue Schnellrestaurant beinah augenblicklich imstande war, die nötige Kundschaft, wenn nicht gar mehr, anzuziehen. Und das geht so weit, dass sich manche Straßen im lärmenden, reichen Zentrum der Nordstadt in Fastfood-Zeilen verwandelt haben.

Diese aneinandergereihten Geschäfte funktionieren ähnlich wie Drive-in-Restaurants und haben Kunden, die bereit sind, zum Zeitvertreib und für ein Sandwich stundenlang anzustehen, vorausgesetzt, sie haben in der Nähe einen Parkplatz gefunden, der nicht von einem der übrigen Sandwichesser belegt ist.

Die Umgebung der kleinen Imbisse, die nicht größer als ein Kiosk oder eine Bude sind und die keinen Platz zum Sitzen haben, füllt sich, besonders an Feiertagen, gegen Abend mit den Freunden dieses Freizeitvergnügens, die neben ihren Wagen stehen, die Getränke und Soßenbehälter auf ihren Motorhauben ausgebreitet, oder auf den Bordsteinen sitzen und in ihre enormen, soßengetränkten Schnitten beißen.

Straßenmusiker mit Akkordeons und Trommeln, sofern sie nicht von der Sittenpolizei vertrieben werden, Kinder, die Blumen oder Kaugummi verkaufen, diverse Straßenhändler und natürlich Bettler aller Altersklassen versuchen bedächtig, sich in diesem gefräßigen, stillosen Getümmel ein paar Groschen zu verdienen.

Die Besitzer der scheinbar bescheidenen Imbissbuden erzielen derartige Umsätze, dass sie Parkwächter engagieren, deren Uniformen und Schirmmützen sich kaum von denen der Verkehrspolizisten unterscheiden, damit sie die Autofahrer, die keinen Imbiss kaufen wollen, am Einparken hindern, oder die, die ihren Imbiss längst verzehrt haben, daran erinnern, dass ein neuer hungriger Kunde ihren Parkplatz braucht.

Das verstößt natürlich gegen die städtische Verkehrsordnung, wird aber offenbar akzeptiert, vielleicht wegen der Bestechungsgelder, die heimlich an die Polizei oder an die städtischen Beamten gezahlt werden.

Vielleicht fragen Sie sich, wie diese in Schrittweite aufgereihten Imbissbuden miteinander konkurrieren können? Die Antwort geben Ihnen die Schilder, die über den Eingängen jeweils in noch größerer, farbiger Schrift mit Adjektiven wie »ausgezeichnet«, »speziell«, »besonders ausgezeichnet«, »ausgezeichnet besonders«, »hervorragend« oder sogar »speziell hervorragend« die Überlegenheit der Imbisse anpreisen.

Ich kann Ihnen aber versichern, dass das Spezielle, Hervorragende oder Ausgezeichnete dieser iranisierten Baguettes vor allem darin besteht, dass sie noch länger und breiter sind, noch mehr Soßen enthalten und in noch mehr Nylontüten eingewickelt sind – und natürlich in den überteuerten Preisen, die einer kompletten Portion *Tschelo Kebab* oder *Tschelo Choresch* entsprechen.

Wie gesagt, besteht eine wichtige Eigenschaft dieser Imbissbuden in ihrer sozialen Bedeutung als Begegnungsstätte und Treffpunkt für Teheraner Jugendliche. Viele Mädchen und Jungen lernen sich hier kennen, man kann sogar behaupten, dass ihre Bedeutung in der kulinarischen Versorgung geringer ist als die beim Anbahnen von Beziehungen zwischen den beiden Geschlechtern. Insofern ähneln sie kleinen, überfüllten Discos oder Bars in europäischen Städten, wo die Jugendlichen abends auf der Suche nach einer Zufallsbekanntschaft hingehen, wenn auch von größeren Dimensionen.

Bei all diesen Kunden der Schnellrestaurants darf man jedoch nicht die Verbraucher wie Bauarbeiter, Verkaufsgehilfen, Straßenhändler und sandwichessende Studenten vergessen, die die anspruchslosen traditionellen Imbissbuden besuchen. Sie ziehen das Essen dort zwar nicht den warmen, gehaltvollen iranischen Gerichten vor, bevorzugen sie aber wegen der geringen Preise der normalen alten Sandwiches. Anders als ihre massiven modernen Pendants der Fastfoods, triefen diese nicht vor Soße, und ihr Preis beträgt etwa ein Drittel oder ein Fünftel davon; sie werden rasch zubereitet und dem Kunden gereicht, der sie gleich vor Ort stehend verzehrt, weil die meisten dieser Buden keine Sitzplätze haben.

Die gering verdienenden Kunden, die sich zum Mittagessen nicht Brot, Käse und Tomaten oder Kartoffeln und Eier leisten können, bitten, wenn sie sehr hungrig sind, den Sandwichverkäufer manchmal gegen ein geringes Aufgeld um ein zusätzliches Brot, das dann um das Sandwich gewickelt wird. Solche preiswerten magenfüllenden Schnitten sind als »bemäntelte« Sandwiches bekannt und besänftigen die Mägen der Hungrigen bis zum Abend.

Meine Jugendliche hat ihr bestelltes Fastfood heute zu Hause gegessen, ist inzwischen besser gelaunt, vielleicht weil ihr Blutzuckerspiegel nach dem stark kohlenhydrathaltigen Baguette und dem Zucker in der süßen Cola ein menschenfreundliches Niveau erreicht hat, und sie kann mich und meinen unangetasteten Topf mit *Estamboli Polou* freundlich und etwas mitleidig betrachten.

Sie wirft die Plastiktüten und die leere Plastikflasche, die von ihrer modernen Teheraner Mahlzeit übrig geblieben sind, in den Abfalleimer, der dadurch beinah voll wird, und deckt für mich den Tisch mit Teller, Gabel und Löffel sowie mit einem Glas Teheraner Leitungswasser.

Sie fragt mich spitz, ob ich mein *Polou* heute lieber mit Joghurt oder Sauerkonserven essen möchte. Und während ich die orangefarbene Reismasse im Topf betrachte, der inzwischen vor mir auf dem Tisch steht, denke ich daran, dass ich das *Polou* vermutlich wieder allein essen muss, und nehme mir vor, nächstes Mal ein kompliziertes, echt iranisches *Tschelo Choresch* zu kochen, mit all den traditionellen Feinheiten, die für seine Zubereitung nötig sind, damit es die riesigen hässlichen und stillosen Schnitten zumindest von meinem Esstisch verbannt.

Die Verunmöglichung der Liebe

Frauen und Männer sind verschieden, das wissen wir. Sie unterscheiden sich in biologischer und emotionaler Hinsicht sowie in ihren Denkweisen. Und diese Unterschiede – nicht Gegensätze – prägen die Beziehungen zwischen den beiden Geschlechtern, seien es die zwischen Blutsverwandten wie Vater und Tochter, Bruder und Schwester, Mutter und Sohn, seien es die zwischen Ehepartnern, platonische oder sexuelle Liebesbeziehungen oder entferntere Beziehungen wie zu Mitarbeitern, Lehrern und Schülern.

In manchen Fällen verstehen die Männer die Frauen nicht, dann wieder ist es umgekehrt. Hier in Teheran ist das so wie überall, zuweilen aber stärker ausgeprägt.

Diese Stadt, die sich aus extrem verschiedenen sozialen, kulturellen und intellektuellen Gruppen zusammensetzt und die seit zweihundert Jahren, als sie sich von einem kleinen Dorf zur Hauptstadt und zum politischen und ökonomischen Zentrum Irans entwickelte, beständig weiterwächst, diese Stadt ist zum Ziel von Migranten aus den Städten und Dörfern in ganz Iran auf der Suche nach einer besseren Arbeit oder nach einer akademischen Ausbildung geworden.

Die Fülle von Möglichkeiten hat diese Megastadt in einen Magnet der hochfliegenden Sehnsüchte der Jugendlichen des Landes verwandelt. Und natürlich prägt dieser Zustrom von Menschen aus allen möglichen Schichten und Kulturen mit unterschiedlichen Sprachen, Religionen und Traditionen zu diesem Fleck Erde ebenfalls die Beziehungen zwischen den beiden Geschlechtern, deren Unterschiede hier in massivster Form ins Auge fallen.

Die Unterschiede zwischen den Geschlechtern, aber auch die kultureller Art sind so groß, dass sich in dieser Stadt ein Mädchen und ein Junge oder aber eine Frau und ein Mann bisweilen fühlen, als kämen sie von zwei voneinander weit entfernten Planeten.

Nach außen hin ist Teheran eine moderne Metropole mit denselben Merkmalen anderer Haupt- oder Großstädte der Welt, hat jedoch mit den Städten in den Entwicklungsländern ebenso viel gemeinsam wie mit den reichen, durchorganisierten Industriestädten der ersten Welt.

Auch Teheran ist voll von Hochschulen und Universitäten, privaten und staatlichen Dienstleistungs- und Produktionsfirmen, Werkstätten, Fabriken, Krankenhäusern, Kaufhäusern, wissenschaftlichen und künstlerischen Forschungsstätten sowie Tausenden Berufs- und Studienmöglichkeiten.

Für diejenigen, denen es gelingt, in dem komplexen Wettbewerb innerhalb der jungen Generation nach Teheran

zu kommen, wird diese Stadt zum Arbeits- oder Studien-
ort und für die meisten von ihnen zur zweiten Heimat.

Die sozialen Beziehungen in diesen Arbeits- oder Stu-
dienumfeldern sind nach spezifisch iranisch-teherani-
schen Regeln definiert, deren Grundzüge erlernbar oder
zumindest nachzuahmen sind. Wie in den Großstädten
anderer Entwicklungsländer wirken sie im Gegensatz zu
den sozialen und kulturellen Beziehungen in den Kleinstädten und Dörfern, aus denen die Zuwanderer stammen, fortgeschritten und modern. Man kann sogar
ohne Übertreibung behaupten, dass der Unterschied
zwischen einer iranischen Kleinstadt und Teheran in dieser Hinsicht größer ist als der zwischen Teheran und Pa-
ris, London oder jeder anderen westlichen Großstadt.

Für einen strebsamen, intelligenten Jugendlichen aus
einer traditionellen religiösen Familie in der Provinz auf
der Suche nach Arbeit oder einem Studienplatz, der nach
einem mühseligen Konkurrenzkampf endlich in Teheran
ankommt, sind diese Umgangsformen, zumindest oberflächlich, erlernbar. Und insbesondere was die Beziehungen zwischen den beiden Geschlechtern anbetrifft, muss
er sie kennen und akzeptieren.

Die neuen Umgangsformen werden ihm im Vergleich
mit den religiösen, traditionellen und weitgehend den
Strukturen des patriarchalischen Feudalismus verhafteten
Umgangsformen seines provinziellen Geburtsorts äußerst kühn und frei erscheinen, und das, obwohl sie nach
der Islamischen Revolution 1979 aufgrund der vorherr-
schenden religiösen Gesetze im Vergleich zur säkularen

Schah-Zeit wesentlich strenger geworden sind. Angesichts des tatsächlichen intellektuellen Niveaus der Teheraner wirken die Umgangsformen daher unfrei und sogar rückständig, weshalb auch immer wieder versucht wird, sie zu verändern oder einzelne Aspekte zu bekämpfen; so etwa die Zwangsverschleierung der Frauen und das Verbot des freien Umgangs beider Geschlechter in der Öffentlichkeit.

Der junge Mann aus der Provinz lernt in Teheran, dass er seine weiblichen und seine männlichen Mitarbeiter oder Mitschüler gleich behandeln muss und dass er sich wie die anderen Teheraner kleiden sollte; er muss alle traditionellen Grenzen überschreiten, um sich zu integrieren, weil die Anpassung seine einzige Chance ist, in diesem modernen Umfeld zu bestehen.

Solange dieser junge Mann sich daran hält, in der Öffentlichkeit, am Arbeitsplatz oder im Studium zu seinen Mitarbeiterinnen oder Kommilitoninnen minimale Beziehungen im Rahmen jener vorgeschriebenen Normen herzustellen, werden ihm wahrscheinlich keine besonderen Probleme begegnen. Wenn er aber mit einer Frau eine emotionale Beziehung eingehen will, werden viele seiner Vorstellungen durcheinandergeraten.

Es kann passieren, dass seine traditionellen Verhaltensweisen durch die Konfrontation mit den Sitten seines städtischen Gegenübers, das womöglich aus einer anderen sozialen Schicht stammt, wieder zum Vorschein kommen, worin dann meist die wesentlichen Probleme solcher Beziehungen begründet sind.

Hier in der Stadt werden Frauen und Männer voneinander angezogen, bevor sie sich näher kennengelernt haben. Diese Anziehungskraft entwickelt sich ohne Rücksicht auf ihre ethnische, intellektuelle, soziale oder familiäre Herkunft und bindet die beiden Personen lediglich auf emotionaler und instinktiver Ebene aneinander. Sozusagen durch die Chemie.

Ein Junge aus der Provinz kann sich beispielsweise in ein fortschrittliches Teheraner Mädchen verlieben. In der ersten Phase ist nichts vom tieferen Wesen des jungen Mannes zu erkennen, weil er sich alle Mühe gibt, wie ein Teheraner zu erscheinen, ja ein Teheraner zu sein. Er kleidet sich wie die Teheraner der akademischen Mittel- und Oberschicht dieser Stadt. Er vergisst seine Mundart zugunsten des Teheraner Dialekts oder verbannt sie zumindest an einen verborgenen Ort seines Wesens. Er gibt seinen Freundinnen die Hand, diskutiert mit ihnen im Unterricht, auf einem Fest oder im Café wie mit seinen Freunden über kulturelle, politische oder philosophische Themen.

Er wird sich erlauben, die Freundin oder Ehefrau eines Freundes oder Mitarbeiters anzusprechen, und wird sich, wenn es die Situation am Arbeitsplatz oder im Studium erfordert, sogar neben sie setzen und je nach Art und Dauer der Zusammenarbeit und unabhängig von den emotionalen und familiären Umständen des betreffenden Freundes eine rationale, geschlechtsneutrale und anhaltende Beziehung zu ihr aufbauen.

Diesen jungen Mann verwirrt es nicht, wenn seine

Mitarbeiterinnen oder Bekannte im Haus, auf Reisen oder beim Picknick, fern von der islamischen Sittenpolizei, ihr Haar vom Kopftuch befreien und ihre langärmligen, bis zu den Knien reichenden Mäntel ausziehen und sich stattdessen in kurzer Bluse mit oder ohne Ärmel und enger Jeans präsentieren, sondern er begrüßt sogar gelassen all diese Neuerungen.

Der junge Mann glaubt vermutlich, er würde den freiheitlichen Fortschritt der Großstadt genießen. Es verschafft ihm Selbstvertrauen, weil er in diesen Kreisen akzeptiert worden ist, und natürlich werden seine Sinne durch den Anblick der Schönheit des anderen Geschlechts, der ihm in seinem traditionellen, beschränkten Umfeld vorenthalten war, befriedigt.

Das Aussehen und das Verhalten des jungen Mannes führen dazu, dass das verliebte Teheraner Mädchen entweder die mögliche kulturelle Andersartigkeit des Jungen aus der Provinz überhaupt nicht wahrnimmt oder dass sie gar glaubt, sie stimmten in intellektueller und kultureller Hinsicht miteinander überein.

Die Eroberung ist die erste und spannendste Phase einer Beziehung zwischen den beiden Geschlechtern. Sie steckt voller Anziehung, Vorstöße und Zurückweisungen und natürlich Selbstdarstellung. Das Teheraner Mädchen und der Junge aus der Provinz bieten alles auf, was ihnen an Schönheit, Freigeist, Einfühlungsvermögen, Verständnis und Feingefühl zur Verfügung steht. Sie sind bereit, den anderen vollständig zu erfassen, um selbst ebenfalls erfasst und angenommen zu werden.

Viele Male bin ich Zeugin des verschämten, verzückten Geflüsters eines jungen Paars auf einer Parkbank oder am Tisch eines Teheraner Cafés geworden. Und jedes Mal waren beide trotz des auffallenden Klassenunterschiedes, den zumindest ich wahrnehmen konnte, offensichtlich darum bemüht, ihre Übereinstimmung in allen Bereichen, seien es Literatur, Kino und Musik, seien es Farben, Speisen und Kleidung, zu beweisen, meist indem sie immer und immer wieder den berühmten Satz der Liebesblinden wiederholten: »Ich auch, Liebster.«

Nach der Eroberungsphase, wenn Jäger und Beute sich einander versichert haben, können sie schließlich ein wenig freier und vielleicht ehrlicher über ihre Wünsche sprechen. Das Mädchen erzählt womöglich von Zuneigung und Einverständnis, von seinen Lieblingsvergnügungen, die es gern mit ihm teilen würde, oder von den Erwartungen der Familie an ihren Freund oder Verlobten. Sie könnte in dieser Phase über ihre Hoffnungen sprechen, über den Ort und die Abmessungen ihres Traumhauses oder -apartments, über ihr bevorzugtes Automodell bis hin zum Geschlecht und die Namen ihrer zukünftigen Kinder.

Der Junge aus der Provinz hat mehr oder minder dieselben Wünsche und eventuell einen zusätzlichen, den er in dieser Phase ihrer Bekanntschaft sehr vorsichtig formuliert: »Liebste, du bist so hübsch und mir so teuer, dass ich diese Schönheit mit niemanden teilen mag. Ich bitte dich, um meinetwillen, in keiner gemischten Gesellschaft enge Jeans zu tragen und dein Kopftuch selbst dann aufzubehalten, wenn alle anderen Frauen ihr frisiertes Haar auf die Schultern gelegt haben, denn dadurch weiß ich, dass du mich wirklich liebst.«

Denken Sie nicht, dieser junge Mann wäre berechnend oder hinterhältig, diesen Wunsch in dem Augenblick auszusprechen, in dem seine Eroberung erfolgreich gewesen ist, oder dass er das Mädchen, das er in solchen gemischten Gesellschaften ohne Kopftuch gesehen und gewählt hat, wegen ihres freien Umgangs verachten würde. Nein, vielmehr wird er selbst nicht wissen, wie er an diesem Punkt angelangt ist. Der Wunsch ist einfach so stark, dass er ihn nicht verbergen oder übergehen kann. Ein heftiger männlicher Wunsch nach Besitzergreifung, der plötzlich aus den Tiefen seiner traditionellen Erziehung an die Oberfläche dringt, seitdem für ihn feststeht, dass dieses Teheraner Mädchen nicht mehr nur eine Mitarbeiterin oder Kommilitonin ist, sondern seine zukünftige Freundin oder Ehefrau. In seiner Vorstellung schiebt sich das Bild des Mädchens über sein Bild von der idealen Frau, das unbewusst das seiner Mutter ist: das Symbol weiblicher Heiligkeit.

Allerdings gibt es auch eine andere Sorte von Migranten, die ihre anerzogenen Charaktereigenschaften zwar durchaus kennen, sie aber angesichts ihres intensiven Wunsches nach Aufnahme und Fortsetzung der Beziehung zu einer Frau aus einer anderen Schicht bewusst oder unbewusst ignorieren oder verbergen. Mit anderen Worten, sie verbergen ihre wahre Identität.

Die Identitätskrise, die solche Personen zu diesem

Zeitpunkt befällt, löst bei ihnen früher oder später seelische Spannungen aus, die dann in die Beziehung hineingetragen werden und der Ursprung für endlose bittere Ehestreitigkeiten sind. Die zahllosen Beispiele dafür kann man täglich in den überfüllten Korridoren der Gerichte zur Schlichtung von Familienstreitigkeiten oder für Scheidungsfälle sehen. Quälende Szenen heftiger Auseinandersetzungen zwischen Ehepartnern, oft vor den Augen ihrer weinenden und verängstigten Kinder.

Doch zurück zum verliebten Paar. Die Antwort des verliebten Teheraner Mädchens auf den Wunsch des jungen Mannes kann unterschiedlich ausfallen. Die erste und einfachste könnte, falls der Verstand die Oberhand über die Gefühle behält, ein entschiedenes »Nein« sein. Die vernünftige Frau kann sich ausmalen, dass die verliebte Forderung ihres begehrten Mannes nicht die einzige bleiben wird, und selbst wenn er es dabei belassen sollte, nicht mit ihren kulturellen und familiären Strukturen zu vereinbaren ist, was zu vielen Spannungen zwischen ihnen führen würde. Der gesunde Verstand sagt ihr, dass die Verschleierung sie, zumal unter allen Umständen und für den Rest ihres Lebens – oder zumindest für die Dauer ihrer Beziehung zu diesem Mann – von vielen gesellschaftlichen und familiären Aktivitäten, bei denen der Hidschab nicht akzeptiert wird, ausschließen würde oder dass sie sich zumindest unnatürlich fühlen würde, weil sie ihn nicht aus persönlicher Überzeugung tragen würde. Es wäre keine eigene Entscheidung, sondern etwas von außen Aufgezwungenes, etwas durch die kulturelle Einstellung eines anderen Bedingtes, selbst wenn der Betreffende ihr Geliebter sein sollte.

Dieses »Nein« öffnet dem jungen Mann aus der Provinz meist die Augen darüber, wie unabhängig das moderne Teheraner Mädchen tatsächlich ist, und diese Tatsache könnte er nach den Vorstellungen seiner Familientradition als Dreistigkeit interpretieren, sie könnte ihm unpassend und als Warnung erscheinen und dazu führen, dass er die Beziehung beendet.

Die zweite Antwort der jungen Teheranerin könnte ein enthusiastisches »Ja« sein. Sie könnte angesichts dieses gebieterischen, besitzergreifenden männlichen Wunsches ein angenehmes Gefühl empfinden, das sie als glühende Liebe interpretiert. Der Reiz dieser neuen, sehr fraulichen Empfindung, die in den historischen Tiefen des weiblichen Lebensgefühls wurzelt, ist so stark, dass er ihren anerzogenen Verstand einhüllt, der ihr sagt, dass sie vor dem »Frausein« ein moderner Mensch ist, der über sein Schicksal verfügt. In ihrem intellektuellen Umfeld hat kein Mann, weder Freund, Vater oder Bruder, je zuvor eine derartige Bitte an sie gerichtet.

Es ist möglich, dass diese tiefe Erschütterung über den männlichen Besitzdrang des Geliebten so weit geht, dass sie ihre Familie und Freundinnen angesichts ihrer Bedenken, eine solche Beziehung könne unmöglich von Dauer sein, beschuldigt, ihrer weiblichen Natur gegenüber gleichgültig zu sein oder sie gar zu leugnen.

In Wirklichkeit sind solche Beziehungen keineswegs unmöglich und in vielen von ihnen bleibt sogar die Liebe bestehen, wird tiefer und ernsthafter; im Alltag dieser Paare entspinnt sich jedoch oft ein bitterer, anhaltender und aufreibender Kampf darum, wer es schafft, dem anderen die eigenen Überzeugungen aufzudrängen.

In den meisten Fällen sind es die Frauen, die die größten Einschränkungen hinnehmen in dieser scheinbar fortschrittlichen Teheraner Gesellschaft, die im weitläufigen patriarchalischen Iran mit ihren männerfreundlichen islamischen Gesetzen eingeschlossen ist.

Ein besonders krasses und bedauernswertes Beispiel für solch ein kulturell-familiäres Elend ist eine Frau aus meiner Nachbarschaft, die ich im Frühling dieses Jahres zufällig kennengelernt habe.

Für mich, die ich mit meinen Nachbarn im Allgemeinen kaum Kontakt pflege, waren ihre traurige Miene und ihr verzweifelter Blick Anlass, aus Neugier oder Mitleid ein Gespräch anzuknüpfen.

Diese hübsche junge Frau hatte ich ein paarmal in der Nähe unserer beider Wohnungen gesehen, die unmittelbar aneinandergrenzen. Jedes Mal war sie von ihren drei kleinen Kindern umgeben, allesamt laute, zänkische Knaben, von denen sie einen auf dem Arm hatte, den anderen hinter sich herzog, während sie versuchte, ihre Päckchen und Einkaufstüten zu tragen, und zugleich damit kämpfte, ihren langen hinderlichen Tschador zurechtzuziehen, damit er ihr nicht vom Kopf rutschte; dabei blieb sie immer wieder stehen, um sich zu ihrem dritten Sohn umzudrehen, der über den Rinnstein hüpfte und herumtollte.

Den Familienvater hatte ich vielleicht ein einziges Mal in ihrer Begleitung gesehen, hatte ihn aber vor allem wegen seiner schrillen Verwünschungen gegen seine Frau und seine Kinder in Erinnerung, die die dünnen Wände der billig gebauten Apartments mühelos durchdrangen.

Bei der ersten Gelegenheit, bei der ich die junge Frau ohne ihre Kinder sah, begleitete ich sie bis zur Haustür und konnte ein paar Worte mit ihr wechseln, woraufhin sie mich eines Tages besuchen kam. Bei diesem Besuch entdeckte ich, dass ich einer der widersprüchlichsten und aussichtslosesten Formen kulturell und erziehungsbedingter Partnerschaftsprobleme begegnet war.

Der Nachmittag, an dem sie auf einen Tee zu mir kam, war einer jener milden, kühlen Apriltage, an denen man es bedauert, sich im Zimmer einzuschließen. Ich schlug ihr daher vor, uns in meinen kleinen Hof zu setzen, in den Schatten der Kakibäume am Hofbecken, auf die hölzernen Hocker, die ich neben einen Tisch gestellt hatte.

Sie willigte zwar ein, doch ich sah die Unruhe in ihrem Blick, als sie vorsichtig und rasch die Fenster der Wohnungen musterte, die an den Hof grenzten und von denen sie selbst eine in einer der oberen Etagen mit ihrer Familie bewohnte. Ohne den Tschador abzunehmen, setzte sie sich steif und beklommen auf den Hocker, den das frisch gesprossene Blattwerk des Kakibaums am besten verdeckte.

Als ich mit dem Tablett zurückkehrte, sagte ich zu ihr, sie könne ihren Schleier abnehmen, weil uns unter dem Laub niemand sehen könne, worauf sie mit bekümmerter

Stimme erwiderte, es würde ihr nichts ausmachen, wenn alle Nachbarn, ja sogar alle Männer Teherans ihr Haar und sogar ihren Körper sehen würden, abgesehen von ihrem Mann, der sie in diesem Augenblick auf keinen Fall ohne den Tschador sehen dürfe, zumal er nicht wisse, dass sie ihre Nachbarin und nicht eine Arztpraxis besuche.

Wir setzten unser Gespräch daraufhin also in der Küche fort, wo wir vor den Augen und Ohren ihres Ehemannes sicher waren.

Die Nachbarin, der anzumerken war, dass sie sich seit langem nicht mehr so frei hatte bewegen können, legte den Tschador ab und schleuderte ihn geradezu auf einen Stuhl. Sie fragte mich, ob sie eine meiner Zigaretten rauchen dürfe, um dann, die angezündete Zigarette zwischen ihren zitternden Fingern, auf den Tisch und den Aschenbecher zu starren und zu schweigen.

An dieser Frau mir gegenüber, mit ihrem unfrisierten Haar und ungeschminktem Gesicht, die unter dem Schleier kein adrettes Kleid, sondern lediglich ein langes weites Gewand trug, das überhaupt nicht zu ihrer Figur und zu ihrem Alter passte, konnte ich keinerlei Übereinstimmung mit einer traditionellen Iranerin entdecken, die Mutter ist und den religiösen Hidschab trägt, als sei er Teil ihres Wesens.

Nun begriff ich, weshalb sie den Schleier auf der Straße nicht richtig auf dem Kopf behalten konnte – weil man es wie andere komplizierte Aufgaben von Kindheit an durch langes Üben lernen muss.

Ich sah eine Frau, die mir glich: eine Frau aus der akademischen Teheraner Mittelschicht, die im Elternhaus nie gezwungen worden war, sich zu verschleiern, während sich viele andere aus den traditionellen Gesellschaftsschichten, in denen die Frauen und Mädchen sogar schon vor der Islamischen Revolution ihr Haar vor männlichen Fremden verdecken mussten, sich nach wie vor nicht in gemischten Runden zeigen dürfen, die Schule nur bis zur vorgeschriebenen Grundstufe absolvieren und die – zuweilen widerwillig – in jungen Jahren einen Bewerber heiraten, den sie womöglich nie zuvor gesehen haben, und deren Aufgabe lediglich darin besteht, bis an ihr Lebensende Ehefrau und Mutter zu sein. Diese Frauen würden nie rauchen, weil es nach Ansicht der traditionellen iranischen Gesellschaft als unschicklich und schamlos gilt; den Grund hierfür habe ich allerdings nie begriffen.

Diese Geste und ihr befreites Auftreten brachten somit meinen anfänglichen Eindruck, sie gehöre zum traditionellen Teil der Gesellschaft, völlig durcheinander.

Sie heftete ihre Augen auf mich, und ich sah Tränen in ihnen schimmern, als ich zum Anzünden meiner Zigarette gezwungen war, ihre Hand zu berühren, die das Streichholz hielt.

Sie hatte vermutlich meinen fragenden Blick entdeckt und erzählte mir unaufgefordert, dass sie sich im Haus ihres Mannes wie erstickt fühle und dass sie, wären da nicht die Kinder und ihr Mann dem Wesen nach ein anständiger Mensch, schon vor langer Zeit Reißaus genommen hätte. Sie sagte, dass sie, obwohl sie erst sechs Jahre verheiratet war, bereits ein fünfjähriges, ein dreijähriges und ein anderthalbjähriges Kind habe, die sie auf Drängen ihres Mannes nacheinander bekommen hätte. Dass die Erziehung der Kinder sie vom Studium abgehalten habe, zumal sie dabei nicht von ihrem Mann unterstützt werde, dessen Erziehung ihm das Kochen, die Hausarbeit und Kinderpflege verbiete – in seiner Kultur gälten diese als rein weibliche Aufgaben. Ihr Studium sei daher unvollendet geblieben, während ihr Ehemann dabei sei, seine Dissertation abzuschließen. Sie sagte, sie hätte sich nie vorstellen können, dass der Traum, Kinder zu haben, einen anderen zerstören könnte: den Traum, Physikerin zu werden, den sie seit ihrer Kindheit gehegt hatte.

Ich stellte ihr eine Tasse Tee hin, und sie zündete sich eine weitere Zigarette an. Dann blickte sie mich an und fragte leicht erzürnt, weshalb sie mir diese Dinge erzählte, wo sie mich doch kaum kenne.

Ich sagte: »Du hättest das auch einer anderen erzählen können, ich bin nicht wichtig. Vielleicht bist du einfach sehr einsam!«

Sie fuhr fort, ohne Pause von ihrem Leben zu erzählen, das erfüllt war von Kummer und Verzweiflung. Sie war die Tochter einer nicht religiösen, weder armen noch reichen Teheraner Familie aus der Mittelschicht, genau wie ich vermutet hatte. Ihre Mutter war eine pensionierte Physiklehrerin für Mädchengymnasien und hatte sie für dieses Fach begeistert. Ihr Vater war ebenfalls pensioniert, nahm aber noch gelegentlich Aufträge zum Lektorat literarischer Texte an, eine Arbeit, die er jahrelang für mehrere angesehene Verlage in Teheran als freier Mitarbeiter erledigt hatte.

Sie habe einen Bruder, der einige Jahre älter und zum Architekturstudium nach Rom gegangen sei, wo er nun in seinem Fach arbeite und mit einer Griechin zusammenlebe. Er sei nie mehr nach Iran zurückgekehrt.

Ihre Eltern waren, als sie in der Mitte ihres Studiums der theoretischen Physik an der besten Universität Teherans ihren jetzigen Mann heiratete, in der Annahme, ihre Tochter sei gut versorgt, in den grünen Norden Irans umgezogen, wo sie sich fern der Stadt in der Natur an ihrem Garten erfreuten.

Sie erzählte, mit ihren Eltern würde sie nicht mehr über ihre privaten Probleme sprechen, weil sie sie nicht beunruhigen wolle. Außerdem schäme sie sich vor ihnen, dass sie ihre Ratschläge nicht beachtet, sondern auf der Heirat bestanden hätte. Vor allem aber wolle sie nicht in ihrer jetzigen Verfassung gesehen werden.

Ihr Ehemann dagegen sei der fünfte Sohn einer Familie mit acht Kindern aus einem Ort am Südrand der Zentralwüste Irans, einer besonders religiösen Provinzstadt mit beharrlichen patriarchalischen Traditionen, in der alle Frauen außer Haus in schwarze Schleier eingehüllt seien. Sogar die Architektur dort sei verschleiert. Die Häuser besäßen ein *Andaruni*, einen inneren Teil, und ein *Biruni*, einen äußeren Teil, die durch Korridore miteinander verbunden seien. Es gebe keine Veranden, die nach außen auf die Straße führten, weshalb sich alles im ummauerten Zentralhof abspiele.

Ihr Ehemann sei ein intelligenter, strebsamer Junge gewesen, dem es gelungen war, trotz der bedrückenden Konkurrenz bei der zentralen Aufnahmeprüfung für iranische Universitäten an der besten Universität Teherans einen Studienplatz zu bekommen und zu studieren. In derselben Klasse, in der sie studierte.

Die Geschichte ihrer Bekanntschaft und Liebe unterscheidet sich nicht sehr von denen, die wir bereits kennengelernt haben. Während ihrer Verlobungszeit gingen sie gemeinsam in Parks und ins Gebirge, ins Kino, in Cafés und Restaurants, mal mit Freunden und Kommilitonen, mal allein. Sie besuchten Feste und tanzten sogar zu verbotenen importierten Songs iranischer Popsänger aus Los Angeles. Obwohl ihr Mann aus persönlicher Überzeugung keinen Alkohol anrührte, trank sie zuweilen ein Gläschen, wogegen er nichts einzuwenden hatte. Überhaupt protestierte er weder wegen des Alkohols noch wegen ihrer üblichen unverschleierten Aufmachung bei privaten Geselligkeiten oder wegen ihres freien Umgangs mit Freundinnen und Freunden, wie sie ihn von zu Hause gewohnt war.

Sie hatte ihn ihrer Familie vorgestellt, die ihn akzeptierte. Bis dahin hatte er sich nicht von anderen jungen akademischen Teheranern unterschieden.

Nach einem Jahr, in dem ihre Gefühle füreinander ernsthafter wurden, entschlossen sie sich zu heiraten. Seine Eltern, denen sie noch nicht begegnet war – wobei ihr Freund stets die große Entfernung als Begründung dafür angeführt hatte, dass sie noch nicht nach Teheran gekommen waren –, hatten in Begleitung einer Tochter ihre Eltern besucht, um für ihren Sohn um ihre Hand anzuhalten.

Die Brautwerbung ist eine alte Sitte, die beinah in allen iranischen Familien praktiziert wird. Dabei besuchen die Eltern des heiratswilligen Jungen das Elternhaus der zukünftigen Braut, halten um ihre Hand an und besprechen die Einzelheiten der Hochzeit. Die Wahl der Braut trifft der junge Mann dabei entweder selbst oder aber, wie es in früheren Zeiten üblich war und auch heute noch in besonders traditionellen Familien üblich ist, seine Mutter.

Allerdings wird die Brautwerbung in iranischen Großstädten heutzutage nur noch in symbolischer Form gepflegt, weil die jungen Leute dort ihre zukünftigen Ehepartner selbst auswählen, lange Zeit vor der Hochzeit miteinander ausgehen und in vielen Fällen sogar sexuell miteinander verkehren.

Bei dieser Brautwerbung hatte der junge Mann sie darum gebeten, aus Respekt vor den traditionellen religiösen Überzeugungen seines betagten Vaters und seiner Mutter einen schwarzen Tschador mit einem Kopftuch zu tragen, nur für dieses eine Mal aus Liebe zu ihm, obwohl er ja wisse, dass es ihr schwerfalle.

Sie blickte mich bekümmert an, als sie von dem merkwürdigen, neuartigen Gefühl berichtete, das sie angesichts dieser scheinbar schlichten und vertraulichen Bitte ihres

Liebsten überkommen hatte. Ein berauschendes Gefühl verliebter Solidarität zwischen zwei Liebespartnern. Und sie hatte seine Bitte angenommen. Trotz der tadelnden, teils verächtlichen Blicke ihrer Eltern. Diese hatten sie damals vor einer so ungleichen Ehe gewarnt, worauf sie nicht eingegangen war.

Nach der Hochzeit wurde sie jedoch bald, viel früher als erwartet, mit den Forderungen ihres Mannes konfrontiert, der einen zunehmend aggressiven und herrischen Ton anschlug. Seine Bitten und Äußerungen wurden immer strenger und merkwürdiger:

Sprich in der Universität nicht so vertraulich mit deinen Kommilitonen.

Schüttle Männern nicht die Hand.

Duze sie nicht.

Lächle nicht, wenn du mit deinem Professor sprichst.

Rauche nicht, auch dann nicht, wenn du mit mir zusammen oder allein bist! Ich hasse Frauen mit einer Zigarette in der Hand.

Ich mag es nicht, dass du ins Zimmer kommst, wenn ich männlichen Besuch habe.

Wenn du Tee bringst, komm mit einem Tschador. Ich kenne diese Männer.

Ich mag deine Tante und ihren Sohn nicht, sie sind liederliche, viel zu freie Leute.

Ich besorge die Einkäufe fürs Haus. Es gefällt mir nicht, dass du dich mit den Verkäufern unterhältst.

Du bist schwanger, lern zu Hause und geh nur für die Prüfungen zur Universität.

Du hast ein Baby, dein Studium kannst du später fortsetzen.

Ich möchte, dass die Mutter meiner Kinder, meines Sohns einen Tschador trägt.

Warum unterhältst du dich so oft mit deiner Mutter? Wahrscheinlich dreht es sich wieder mal nur um ein Kleid mit offenem Kragen oder um Make-up und den ganzen anderen Mist!

Kümmere dich um den Haushalt, anstatt den ganzen Tag die Nase in verdorbene westliche Romane zu stecken. Was erlaubt sich die Dame, *Madame Bovary* zu lesen!

Nimm dir meine Schwestern zum Vorbild! Schau, wie sie ihren Ehemännern gehorchen.

Wozu braucht eine Frau einen Magister? Bleib wie eine anständige Frau zu Hause und zieh deine Kinder groß!

Dass du dich ja nicht wieder mit Elham und ihrem lüsternen Mann verabredest! Gott weiß, in welchen Spelunken ihr euch herumtreibt!

Schämst du dich nicht, dich im sechsten Monat mit deinem dicken Bauch neben einen fremden Mann ins Taxi zu setzen? Du darfst nicht mehr ausgehen.

Hat dein angeblich fortschrittlicher Vater dir nicht beigebracht, dass eine ehrbare Frau einem fremden Mann nicht in die Augen schaut? Und wenn er dein Cousin ist! Schließlich ist er in religiöser Hinsicht ein fremder Mann!

Verdirb mit deinem fortschrittlichen Getue nicht den Charakter meiner Söhne.

Wehe, wenn ich noch mal sehe, wie du dich zu meinem Bruder setzt, um mit ihm über Politik zu schwatzen, statt mit seiner Frau in die Küche zu gehen! Für alles Weitere kann ich keine Garantie übernehmen, du hast mich entehrt!

Es dreht mir den Magen um, wenn du dich mit deinen verwestlichten Freundinnen unterhältst! So dreist und schamlos, und dann nennst du es eine philosophische Diskussion, um dich zu rechtfertigen.

Schau dir meine Mutter an, du solltest so sein wie sie. Verschleiert, ehrbar und geduldig, kein fremder Mann hat je eine ihrer Haarsträhnen gesehen. Außerdem ist sie Analphabetin, dennoch ist ein Haar von ihr mehr wert als hundert von euch leichtfertigen, gottlosen, ehrlosen Teheraner Scheinintellektuellen.

Häng dich nicht an mich! Ich gehe meine Mutter mit den Kindern allein besuchen. Mit deiner Art zu reden, deinen Blicken, deiner Familie, deinem Bruder, der in wilder Ehe mit einer unislamischen Frau zusammenlebt und sündigt, entehrst du mich vor meiner Familie. Wahrscheinlich würdest du dasselbe tun, wenn du könntest …

An ihre übrigen Worte, die sie mit einem Kloß im Hals und belegter Stimme vorbrachte, erinnere ich mich nicht mehr genau. Sie berichtete noch von der brutalen Dreistigkeit ihrer kleinen Söhne, die sie geboren und gesäugt hatte und die ihren Vater nachahmten, als sie plötzlich verstummte.

Ich glaube, ihr Blick war durch ihre Tränen hindurch

auf meine Armbanduhr gefallen, worauf sie hastig ihren Tschador anlegte, mir mit gesenktem Kopf die Hand schüttelte und ohne ein Wort durch die Haustür verschwand.

Diese Frau kann sich nicht von ihrem Mann trennen, weil sie ihr Studium nicht beendet hat, keine Arbeit finden kann und finanziell nicht unabhängig ist. Sie ist die Mutter dreier Kleinkinder. Falls sie die Scheidung beantragt, droht ihr der Entzug des Sorgerechts, weil die gesetzlichen Bestimmungen dieses Landes auf der patriarchalischen islamischen Scharia basieren, obwohl sie bereits durch die Bemühungen von Anwälten und Frauenrechts- sowie Kinderrechtsgruppen erheblich gelockert worden sind.

So irrt sie zwischen zwei Welten umher. Bei ihrer Familie oder ihren alten Freunden findet sie keine Zuflucht, weil sie aus Furcht vor den ständigen Streitigkeiten mit ihrem Ehemann die Beziehung zu ihnen abgebrochen hat. Außerdem ist sie für sie nicht mehr interessant, weil sie gezwungen war, mit einer emotionalen und kulturellen Maske mit ihnen zu verkehren.

Und zu der traditionell-religiösen Welt ihres Mannes, der von ihr erwartet, dass sie seine Mutter nachahmt, gewährt man ihr keinen Zutritt, weil sie zu fortschrittlich und frei erscheint, was als unangemessene Lockerheit, wenn nicht gar Liederlichkeit interpretiert wird.

So ist sie ständig mit sich selbst im Kampf und ähnelt einem erniedrigten, fügsamen Wesen, das in offensichtlichem Widerspruch zu dem steht, was es in einer Welt gelernt hat, in der Selbstbestimmung und Freiheit zu den wichtigsten Grundsätzen zählen, gleich ob für eine Frau oder einen Mann, zu den Grundsätzen, für die man kämpfen muss.

Sie ist eine Gefangene. Gefangen in einem Fegefeuer, das diese beiden Kulturen und ihr eigenes Gewissen für sie geschaffen haben.

Derartige kulturelle Unterschiede sind unter Teheraner Paaren weit verbreitet. Man kann sie mit den ethnischen, wenn nicht gar mit den nationalen Unterschieden bei Paaren mit Partnern aus zwei Kontinenten vergleichen, wie sie in westlichen Ländern mit hoher Migrantenzahl anzutreffen sind.

Die Männer sind zwar ebenfalls Opfer dieser Konstellation, aber im Vergleich zu den Frauen, die noch immer nicht über ausreichende gesetzliche, ökonomische und kulturelle Instrumente zur Verteidigung ihrer Unabhängigkeit verfügen und die in den meisten Fällen die Rolle von Befehlsempfängerinnen übernehmen, stehen ihnen zumindest mehr Fluchtwege zur Verfügung.

2010 hat die Scheidungsrate in Teheran merkwürdige einundzwanzig Prozent erreicht, das heißt, auf vier Ehen kommt fast eine Scheidung.[3] Ich nenne diese Zahl deshalb merkwürdig, weil die Familie in Iran von jeher die wichtigste und beständigste gesellschaftliche Einheit ist,

---

3   Um der hohen Scheidungsrate entgegenzuwirken, wurde 2020 eine Obergrenze festgesetzt. In Teheran wurde die jährliche Anzahl an Scheidungen auf maximal 182 pro Notariat beschränkt.

deren Bedeutsamkeit insbesondere nach der Islamischen Revolution betont und propagiert worden ist.

Den Statistiken zufolge zählen Armut, Arbeitslosigkeit, Drogensucht und fehlende Übereinstimmung zu den wichtigsten Ursachen für Scheidungen in Teheran. Es hat aber den Anschein, als habe die religiöse Ideologie, die die Familie und die islamische Moral propagiert, das Gegenteil davon bewirkt, was sie bewirken sollte.

Welches auch immer die Ursachen sein mögen, ich denke an meine Nachbarin und daran, wie lange sie dieses Fegefeuer wohl noch ertragen kann. Vielleicht entscheidet sie sich eines Tages dafür, zu kämpfen und in diesem ungleichen Kampf ihre Kinder zu verlieren …

Ein Gespräch mit meiner Tochter Abi

Ich wollte die Meinung der Teheraner Jugend über viele Themen und Dinge erfahren, sowohl jene, über die ich ihre Einstellung schon ein wenig kannte, wie auch über die Entwicklungen der Jahre von 2004 bis 2009, in denen ich nicht in Teheran war.

Ich kam also auf die Idee, mit meiner Tochter ein Interview zu führen. Sie ist neunzehn und sollte dabei eine Jugend vertreten, die noch nicht mit den ökonomischen Problemen konfrontiert und noch auf der Suche nach ihrem zukünftigen Studien- und Arbeitsweg ist, eine Generation, die im Verhältnis zur Gesamtbevölkerung Irans und Teherans sehr groß ist.

Das lange Gespräch, das wir im Juni 2010 geführt haben, habe ich anschließend auf der Grundlage ihrer MP3-Aufnahme niedergeschrieben. Treten Sie also ein in die wundersame Teheraner Welt der jungen Abi:

Schau mal, Abi, ich werde dir eine Reihe Fragen stellen, und du kannst das Erste sagen, was dir in den Sinn kommt, o.k.?

Also, was bedeutet für dich Gascht-e Erschad, die Streife der Sittenpolizei?

Mama, beginn bitte mit den weniger verfänglichen Fragen.

In Ordnung, möchtest du vielleicht selbst etwas zur Einführung sagen?

Nein! Frag du, und ich werde antworten.

Gut, vielleicht sprechen wir dann zunächst über etwas, das dir gefällt, zum Beispiel Geld. Was bedeutet dir Geld grundsätzlich und was beabsichtigst du damit?

Nun ja, Geld ist zunächst mal grundsätzlich gut! Allerdings denke ich, dass man für Geld nicht unbedingt einen Plan haben muss, weil einem ohnehin immer, wenn man an Geld denkt, eine Idee in den Sinn kommt, was man damit anstellen kann. Rechnet man dann aber nach, merkt man, dass einem das Geld schon nach diesem einen Vorhaben ausgeht! Wenn man aber einfach nur an das Geld selbst denkt, »Geld, Geld, Geld! Ich habe jetzt Geld«, dann wird man immer Geld haben.

Bedeutet das, dass du daran wie an etwas Abstraktes denkst? Ist Geld für dich ein abstrakter Begriff?

Ja, selbstverständlich ist er das für mich, die nicht viel davon verdienen wird.

Weshalb glaubst du, dass du nicht viel verdienen wirst?

Wegen den Zielen und Vorhaben, über die wir gerade

gesprochen haben. Wenn man nämlich ein Ziel hat, dann braucht man dafür auch eine bestimmte Summe Geld ...

Wenn du aber keins hast, verzichtest du auf dein Ziel und denkst nur ans Geld an sich. Das heißt, das Geld wird zu deinem Ziel.

Mama! Spiel dich nicht so mütterlich auf!

Du bist schon ein bisschen herumgereist und hast verschiedene Währungen kennengelernt. Welche Banknoten gefallen dir am besten?

Das Schweizer Geld. Weißt du, weshalb? Weil die Scheine die Gesichter von Schweizer Künstlern und Wissenschaftlern zeigen und sehr bunt und fantasievoll sind. Als ich auf die deutsche Schule vom Österreichischen Kulturforum ging, brachte man uns auf einer Seite unseres Unterrichtsbuchs die unterschiedlichen Banknoten bei. Zum Beispiel habe ich dort das Geld aus Saudi-Arabien gesehen, das echt hässlich war. Eine hübsche afrikanische Banknote war auch dabei, mit Tieren drauf, glaube ich. Das Schweizer Geld ist so schön, dass man es gar nicht als solches empfindet.

Ja, sie haben versucht, seinen schmutzigen und materiellen Wert zu eliminieren.

Die Scheine ähneln Geburtstagseinladungen.

Dabei ist es teures Geld ... Nun stell dich kurz selbst vor.

Abi, das bedeutet Blau.

Ist das alles? Beschreib dich so, dass sich ein Leser dich vorstellen kann, wie zum Beispiel die Figur aus einem Buch.

Ich bin knapp zwanzig, habe ein Diplom in Malerei, was ich nicht bereue, es war kein Verlust. Ich kann gut kochen, mag Bücher und schaue gern Filme. Mein Laptop ist kaputt, und ich versuche gerade, Deutsch zu lernen. Ich habe nicht sehr viele Freunde. Teheran gefällt mir, und ich kaue nicht auf meinen Nägeln.

Weshalb hast du das Abitur gemacht, und weshalb willst du dein Studium fortsetzen?

Nun ja, kein Abitur zu machen, ist doch sehr daneben, außerdem wird man vom Staat zur Bildung gezwungen. Wenn die Kinder hier in Iran die Grundschule nicht bis zur fünften Klasse besuchen, dann hat das für die Eltern juristische Folgen. Danach ist einem die Entscheidung allerdings selbst überlassen.

Ich habe Malerei studiert, weil ich dieses Fach lieber mochte als die anderen. Ich hätte mir zum Beispiel nie vorstellen können, Experimentalwissenschaften, also Biologie, zu wählen, wo man Frösche sezieren muss, oder ein humanistisches Fach, wo man Arabisch lernen muss, und an Mathematik mag ich gar nicht erst denken.

Die Kunsthochschule hat mir gefallen. Grafik mochte ich allerdings weniger, bei der Malerei gab es mehr Werkstätten für die praktische Arbeit. Mal abgesehen davon, dass man mich in der Kunsthochschule verarscht hat. Aber es war trotzdem kein Verlust.

Was meinst du mit »verarscht«?

Das heißt, dass in der Kunsthochschule meine Erwartungen und Vorstellungen von der Malerei über den Haufen geworfen wurden. Weil man statt auf die Qualität der Werke an sich mehr Wert auf die Noten in den anderen Fächern legte, die zuweilen überhaupt nicht im Zusammenhang mit der Malerei standen. Damals, als ich auf die Kunsthochschule ging, dachte ich, ich würde zwei Jahre später eine Malerin sein. Alle dachten das, auch meine Freundinnen Homa und Fatemeh. Alle. Wir waren davon überzeugt, wir seien alle Van Goghs …

Aber später, zumindest am Ende der Ausbildung, merkten wir, dass man hier nicht so leicht Malerin wird. Allerdings brachten manche nicht die erforderliche Geduld auf. Abgesehen davon stinkt hier alles zum Himmel, es wimmelt in der Stadt nur so von untalentierten Malern. Man braucht vor allem eine Menge Geld und Beziehungen, um seine Werke in den wichtigen Galerien auszustellen. Ich hatte jedenfalls noch nicht mal Gelegenheit, meine Bilder in irgendwelchen kleineren Galerien oder sonst wo auszustellen.

Das heißt?

Zum Beispiel erlaubte mir mein Vater nicht, meine Werke bei einem Festival einzureichen. Er sagte: »Als meine Tochter dürfen deine Werke nicht mal ein kleines bisschen schlecht sein, sonst verlier ich mein Gesicht.« Und weil er selbst bei fast allen Festivals Mitglied der Auswahlkommission und der Jury war, meinte er, wenn man meine Bilder annähme, hieße es, er hätte seinen Einfluss geltend gemacht, nähme man sie nicht an, dann hieße es: Die Tochter von Soundso hat kein Talent. Jedenfalls ginge es so nicht.

Also haben sich deine Hoffnungen, Malerin zu werden, aus welchem Grund auch immer in Luft aufgelöst?
Ja, ich wurde hübsch beschissen.

Und warum willst du jetzt auf die Universität gehen?
Sieh mal, ich habe ein Diplom in Malerei, mit dem ich nichts anfangen kann. Und falls ich nicht auf die Universität gehe, werde ich noch wie diese jungen Frauen, die beispielsweise violette Kleider mit krassem Gelb anziehen und sich »Künstlerinnen« nennen. Die können sowieso nichts, sondern treiben sich nur in den Cafés herum. Ich bin nicht wie die. Ich muss etwas tun.

Nun gut, willst du dein Studium in Iran fortsetzen?
Nein! Ich will weggehen.

Weshalb?
Die Idee kam mir in der Kunsthochschule, als ich zu meinem Lehrer sagte: »Sie irren sich, der Kubismus wurde unter anderem von Cézannes Werken inspiriert, nicht von Gauguin«, warf er mich aus dem Unterricht, und am Schluss gab er mir eine Vier, weil sein Patzer im Unterricht aufgeflogen war. An der Universität ist es dasselbe, ich kenne die meisten der Dozenten dort.

Sind tatsächlich alle so ungebildet? Weshalb dürfen Sie dann unterrichten?

Nein, natürlich nicht alle, aber die Ungebildeten sind bereit, für ein geringeres Gehalt zu arbeiten. Außerdem haben sie Beziehungen, und wenn sie zu den Hezbollahi, den Anhängern der Partei Gottes, gehören, werden sie so oder so eingestellt. Abgesehen davon sind diejenigen, die etwas können, nach Ansicht des Kultusministeriums nicht richtig »orientiert« …

Orientiert?

Das heißt im Hinblick auf die islamische Moral und die gesetzlichen Vorschriften und dergleichen.

Und?

An den Universitäten ist es besonders schlimm, weil man dort noch mehr Hezbollahi und noch linientreuer sein muss als an anderen staatlichen Institutionen, man muss noch mehr Beziehungen haben und darf nicht unverheiratet sein.

Haben also die Universitäten hierzulande deiner Meinung nach kein hohes Niveau, oder warum willst du nach Deutschland gehen?

Ja. Genau deshalb.

Gibt es keinen weiteren Grund?

Nein.

Und was machst du, wenn du keine Zulassung oder kein Studentenvisum bekommst?

Ist doch klar, dann bleibe ich hier.

Was wünschst du dir vom Leben?

Geh zur nächsten Frage.

Weshalb?

Weil diese zu schwer ist, nächste Frage …

Wie gefällt dir die Stadt Teheran?

Teheran? Es kann geschehen, dass jemand, der sagt: »Das hier ist meine Stadt«, von der Geburt bis zum Tod viele Teile der Stadt nie besucht. Teheran ist wahnsinnig groß. Man kann in den vier, fünf Straßen, in denen man seine Arbeit und sein Leben hat, wo die Verwandten und Freunde leben, alles erledigen, ohne je einen anderen Teil der Stadt zu Gesicht zu bekommen. Ob einem das Viertel, in dem man lebt, nun gefällt oder nicht.

Und du? Welche Teile von Teheran gefallen dir besonders? Welche nicht?

Ich habe verschiedene Empfindungen gegenüber verschiedenen Vierteln Teherans. Manche mag ich sehr, und bei manchen anderen empfinde ich Unterschiedliches wie Neid, Hass, Armut … Unglück … Abscheu.

Zum Beispiel der mittlere Abschnitt unserer Straße, der Vali-Asr. Den um unser Haus. Dieser überfüllteste und vom Smog verseuchteste Teil der Stadt. Und das in einer Stadt, die im Hinblick auf die Luftverschmutzung den vierten Rang in der Welt einnimmt. Auch die Kunsthochschule ist hier. Und Cafés, Galerien, Kinos, Buchhandlungen, die Wohnungen meiner Freundinnen. Zumindest all das, womit ich zu tun habe oder was meinem finanziellen und kulturellen Niveau entspricht. Ich könnte bis an mein Lebensende hier herumspazieren. Ich mag unser Viertel.

Den zentralen Abschnitt der Vali-Asr, den Vali-Asr-Platz, die Enghelab-Straße. Der sechste Stadtbezirk gefällt mir auch. Das ist ein normaler Bezirk. Der gefällt mir, weil er total überfüllt ist. Es genügt, wenn man sich auf dem Bürgersteig auf eine Bank setzt und dem Treiben zuschaut und zuhört. Es ist wie im Foyer eines Kinos. Es baut einen auf.

Zum Beispiel?

Ein Typ kommt mit einem Computer im Karton vorbei, eine Frau streitet sich mit einem Mann und schlägt ihm ihre Handtasche ins Gesicht … *(lacht)*

Gefallen dir denn Schlägereien, dass du lachst?

Nein, aber es war ein komischer Anblick.

Ein verrottetes Kind läuft vorbei, ein Bettler, der Horoskope verkauft, kommt zu dir. Dann geht ein sehr elegant gekleideter Mann vorbei, der gerade ein iPad für 80 000 Tuman gekauft hat. Es gibt da alles und jeden, und etwas weiter Richtung Süden erreicht man mein Paradies.

Warum ist es dein Paradies?

Weil es da in den Auslagen der Läden jede Menge Malutensilien gibt, ich rede von der Enghelab-Straße, vor der Uni Teheran. Es gibt jede Menge Malkreiden von Faber Castell in Holzkästchen zu 72 Stück, Originalfarben und Ölfarben von Windsor, die sehr teuer sind, und jede Menge Buchhandlungen mit Büchern, die ich noch nicht gelesen habe. Du weißt ja, wie teuer Bücher geworden sind. Ich kaufe mir schon seit langem keine mehr. Entweder leihe ich sie mir bei meiner Freundin Fatemeh aus, oder ich lese die, die wir zu Hause haben, immer wieder.

Bekommst du an diesen Orten kein schlechtes Gefühl?

Nein, ich habe zum Beispiel nicht das Gefühl, arm zu sein, weil diejenigen, die dort leben, nicht reicher sind als ich. Manche sind sogar ärmer.

Gibt es denn Dinge, die du dort kaufen kannst?

Ja, ich könnte etwas kaufen, ich würde auch gern etwas kaufen, und ihre Preise sind nicht unvorstellbar hoch. Unvorstellbar werden die Dinge anderswo.

An einem der Orte, für die du Abscheu und Neid und anderes empfindest?

Genau. An der oberen Vali-Asr und in einigen Vierteln im Norden der Stadt.

*Dort, wo sich die meisten europäischen Botschaften befinden,
oder?*

Ja. Da überkommt mich der Hass, nach dem du gefragt hast, gegenüber den Menschen, die da herumlaufen,
Geld haben und wirklich nichts Nützliches dafür tun.

Beneidest du sie auch?

Nein, ich beneide nicht die Leute an sich, ich beneide
sie nur um das Geld, das sie besitzen und auf das sie schei-
ßen. Wobei die Abscheu natürlich größer ist als der Neid.
Sieh mal, wenn ich zum Beispiel in eines der großen Ein-
kaufscenter dort gehe, wie *Milad-e Nur* oder *Kuh-e Nur* –
deren Namen enthalten immer ein »*Nur*«, also Licht, und
ich, die ich für den Kauf einer Schachtel mit 24 Windsor-
Farben 88 000 Tuman benötige, dort ein dunkelviolettes
Portemonnaie aus Krokodilleder sehe, getüpfelt wie die
Haut eines gerupften Huhns, das einen goldenen Bügel
mit dem Markenzeichen von Versace von der Größe eines
Untertellers hat und zwei Millionen Tuman kostet, denke
ich mir: Könnte man doch nur dieses Portemonnaie wegwerfen, der Person, die es möglicherweise kaufen möchte,
einen finsteren Blick zuwerfen und sie fragen: »Weißt du
überhaupt, wofür dieses Geld alles gut wäre?«

Ich bin neidisch auf das Geld dieser Person, weil sie
hingeht und es ausgibt, um das Portemonnaie zu kaufen,
und daraufhin ihr Geld in dieses hässliche Ding legt, um
damit etwas noch Hässlicheres zu kaufen. Verstehst du
den Grund für meine Abscheu?

(Lachen) Ja, aber wie genau definierst du »unvorstellbar«?

Unvorstellbar ist zum Beispiel der Kauf dieser Geld-
börse, der außerdem kein Vergnügen oder keinen
Wunsch in mir erzeugt, etwa im Vergleich zum Kauf von
Ölfarben ...

Denken deine Teheraner Altersgenossen alle so oft an Geld?

Nein! Weil sie es nicht brauchen, denken sie auch
nicht daran.

*Vielleicht denken sie daran, sind aber nicht so mutig wie du, es
zuzugeben.*

Möglich ...

*Kehren wir zum Anfangsthema zurück. Diese Modeversessen-
heit, das Konsumverhalten und die Klassenunterschiede gibt es
ja mehr oder minder auch in allen anderen Städten. Erzähl nun
doch mal etwas von den Besonderheiten Teherans. Zum Beispiel
von den Streifen der Sittenpolizei.*

Das ist ein Haufen Polizisten und hässlicher Frauen
im Tschador, die sozusagen Polizistinnen sind, in großen
Transportern. Entweder sind sie an bestimmten Orten
der Stadt postiert, oder sie fahren durch die Stadt und
machen die Leute an. Zum Beispiels wenn die jungen
Frauen unzureichend verschleiert sind oder zu viel
Make-up tragen; oder sie fragen Paare, in welchem Verhältnis sie zueinander stehen, also religiös erlaubt oder
nicht und dergleichen.

In der Gegend des Basars und in der Südstadt gibt es

keine Streifen. Die meisten gibt es im Norden der Stadt. Die Polizisten wissen inzwischen, was sie wo tun müssen. Wenn etwa am Vali-Asr-Platz oder im Norden der Stadt eine Frau einen kurzen, eng anliegenden Mantel trägt, halten sie sie an, und wenn er »inakzeptabel« sein sollte, nehmen sie sie mit.

Was heißt das, dass er »inakzeptabel« ist?

Wenn man beispielsweise die Ärmel seines Mantels hochgeschlagen hat, hält einen der Sittenpolizist an und fragt einen ärgerlich, weshalb die Unterarme sichtbar seien. Man entschuldigt sich, rollt die Ärmel herunter und geht weiter. Wenn der Mantel jedoch Dreiviertel-ärmel hat, kann man das nicht tun! Dann nehmen sie einen mit, bis man jemanden anruft, damit der Betreffende einem einen anständigen Mantel bringen kann. Anschließend zahlt man 50 000 Tuman Strafe, und das wars.

Und im Norden der Stadt?

Im Norden der Stadt kümmern sich die Streifen meistens nicht um enge Mäntel oder um gefärbtes Haar, das aus dem Kopftuch heraushängt. Wie gesagt, die Polizisten haben eben dazugelernt! Dort laufen halt alle so herum, und sie können ja nicht alle festnehmen. Viele sind außerdem einflussreiche Leute. Sieht eine Frau so unmöglich aus, dass ich sie an Stelle der Streife ebenfalls festnehmen würde, dann verhaftet die Polizei sie auch höchstwahrscheinlich. Wenn sich später herausstellt, dass sie die Cousine irgendeines Ministers ist, sieht es für die Streife schlecht aus.

Weil die Leute dort im Norden reich sind und die Polizisten es wissen, geben sie leichter nach. Der Sittenpolizist stellt sich neben das Auto, die junge Frau begrüßt ihn und lässt ihn gar nicht erst zu Wort kommen, sondern gibt ihm gleich ein Bündel mit 100 000 Tuman. Er bedankt sich sogar und geht fort. So einfach ist das.

Dasselbe gilt für Feste und Einladungen. Wenn jemand in der Nordstadt alle zwei Wochen ein Fest veranstaltet, mit verschiedensten Sorten Alkoholika und lauter Musik, kreuzt die Sittenpolizei auf, holt sich ihren Anteil und verschwindet wieder. Wir feiern ja auch, allerdings selten, und für uns gilt eigentlich dasselbe. Nur kennen wir die Sittenpolizisten nicht, und wenn die mal läuten, müssen wir 200 000 Tuman sammeln, um sie wieder loszuwerden.

Gibt es auch andere Lösungen als Bestechung?

Man kann sie zum Beispiel auf Bekannte verweisen, indem man sagt: »Grüßen sie Hauptmann Sowieso.« Aber nur, falls man wirklich jemanden kennt. Die Sittenpolizei kontaktiert diese Person dann mit ihrem Funkgerät, und wenn man die Wahrheit gesagt hat, entschuldigen sie sich sogar und gehen wieder. Es gibt immer mehrere Auswege. Man kann die Polizisten auch auf Englisch oder Deutsch ansprechen, sodass sie glauben, man sei Ausländer, und einen in Ruhe lassen.

Fürchtet ihr euch vor diesen Streifen, mit denen ihr doch aufge-
wachsen seid?

Vor manchen ja, vor anderen nicht. Man muss sich primär vor denen fürchten, die sich unter keinen Umständen auf einen einlassen. Meistens habe ich keine Angst. Nur als ich noch bei meinem Vater gewohnt habe, hatte ich Angst. Wenn sie mich damals verhaftet hätten, hätte er mir als Erster die Leviten gelesen.

Weshalb?

Er hat oft gesagt: »Wenn die dich aus welchem Grund auch immer festnehmen, merken sie, wer dein Vater ist, und machen uns Schwierigkeiten.« Weil er für viele verbotene Zeitungen gearbeitet hat.

Okay. Und jetzt fürchtest du dich nicht mehr, weil du weißt, dass es Tausende Auswege gibt, oder?

Ja. Wenn die Sittenpolizei mich anhält, entschuldige ich mich sofort. Ich sage mit unschuldiger Miene, ich hätte es bei Gott nicht gewusst und so weiter. Ich habe keine Lust auf Probleme. Weder möchte ich die Welt verändern noch Widerstand leisten, um sozusagen meine »Rechte« wiederzubekommen. Ich bin bereit zu sagen, es käme nie wieder vor, um nicht in ihren Van zu steigen. Man weiß ja schließlich nicht, was danach geschieht.

Also fürchtest du das, was danach geschehen könnte?

Nun ja, sie verhalten sich hässlich, allerdings ist »hässlich« nur eine höfliche Umschreibung.

Hässlich? Ist das alles? Sie könnten einen schlagen oder sogar vergewaltigen!

Ach was. Wegen einer Nacht in der Arrestzelle vergewaltigen die einen nicht. Vielleicht schubsen sie einen und sagen: »Beweg dich, du Soundso!«

Soundso?

Wie man halt zu einer Nutte sagt. Ich kann ja so was nicht ertragen.

Gut, wechseln wir das Thema. Kommen wir zu den Fastfood-Restaurants. Ich sag dir gleich, wenn du davon hungrig wirst, ist das dein Problem.

(Lachen) Ich habe ja schon vor dem Gespräch gesagt, dass ich eine Pizza möchte.

In Ordnung, heute Abend essen wir Pizza. Aber nun mal im Ernst. Wie findest du Fastfood?

Ich mag Fastfood sehr, weil es so lecker ist. Es ist preiswerter als etwa *Tschelo Kebab* und außerdem leichter zu essen.

Was für Gerichte findet man in Teheraner Fastfood-Restaurants?

Hamburger, Hotdogs, alle Arten von Sandwiches, Pizza, Grillhähnchen und dergleichen.

Sind das alles Gerichte zum Auf-die-Hand-Nehmen?

Manchmal gibt es auch Gerichte, die man nicht im Stehen essen kann, aber das Restaurant nennt sich trotzdem weiter Fastfood, das ist schick. Deshalb nennt man diese Gerichte trotzdem Fastfood.

Damit die Leute glauben, sie würden ausländische Gerichte essen und dorthin gehen?

Ach was! Für die Leute ist das inzwischen normal. Nur der Name Fastfood ist geblieben. Dort verkauft man auch Tellergerichte und verschiedene Sorten Pasta.

Aha, ich verstehe.

Ich will dir von einem Erlebnis erzählen, das dir klarmachen wird, warum meine Freunde und ich Fastfood-Restaurants mögen und sie genau so toll finden, wie sie sind.

Es gab da ein Tonstudio, in dem meine Freunde öfter Musik spielten …

Welche Instrumente? Welcher Stil?

Elektrogitarre, Akustikgitarre, wobei der Akustikgitarrist gleichzeitig der Sänger der Gruppe war, und dann noch Drums, Keyboard und eine Bassgitarre. Sie spielten Rock.

Haben diese Freunde eigentlich eine offizielle Genehmigung? Oder spielen sie heimlich?

Nein, nein, sie haben sogar CDs, die vom Kultusministerium genehmigt worden sind. Sie haben auch ein Konzert veranstaltet. Allerdings bezahlen sie alles aus eigener Tasche und machen es für wenig Geld.

Und dann?

Ja, ich bin manchmal hin, zum Beispiel, um ihnen zu helfen, die Covers in die CD-Hüllen zu stecken. Dieses Studio ist in einem Keller, und darüber liegt ein sehr berühmtes Schnellrestaurant. Jedes Mal wenn wir hinuntergehen wollten, mussten wir an der Küchentür vorbei, wobei jeder von uns mindestens dreimal hingefallen ist, weil der Flur vor der Küchentür so fettig war.

Ach, was. (Lachen)

Nein, wirklich. Einmal ist mein Freund Saba vor mir auf die Nase gefallen. Wir haben uns kaputtgelacht.

Natürlich mit Ausnahme von Saba selbst, dem Ärmsten!

Wir hatten durch die Tür gesehen, wie der Küchenarbeiter mit den Füßen in die mit Wasser gefüllte Schüssel für die Salate trat. Das war seine Art, sie zu waschen. Der gesamte Flur roch außerdem nach Kot, und im Studio hatten wir den Geruch von verbranntem Fett in der Nase. Wenn wir mit der Arbeit fertig waren, gingen wir nach oben und aßen dort etwas.

Und danach hattet ihr einen sauberen Magen? (Lacht)

Ja, wir hatten damit keine Probleme. Wir waren so oft durch diesen Korridor gegangen, dass wir selbst ganz fettig geworden waren. Das gehört dazu, es ist unvermeidlich, und wir haben es akzeptiert und sind noch nicht gestorben.

Wie oft isst du Fastfood pro Woche? Sei unbesorgt, ich tu dir nichts!

Zwei- bis dreimal.

Wie viel gibst du dafür aus?

Hmm, einmal Pommes frites, ein Getränk, Salat mit einem Cheeseburger machen 6 000 Tuman.

Was hältst du von der Atmosphäre in den Schnellrestaurants?

Wenn ich zum Beispiel in ein Restaurant für *Abguscht* oder *Tschelo Kebab* gehe, dann wegen der volkstümlichen und nostalgischen Umgebung, in ein Fastfood gehe ich nur zum Essen. Die Atmosphäre dort finde ich nicht attraktiv.

Also ist dir das Fastfood wichtiger als die Atmosphäre? Bestellst du dir deshalb etwas nach Hause, wenn ich nicht da bin?

Stell dir mal vor, man würde anrufen, damit einem jemand *Abguscht* bringt! *(Lacht)* Ich wäre wegen der Atmosphäre der Leberspieß-Imbisse sogar bereit, Leber zu essen.

Gibt es jemanden unter deinen Freunden, der gern zu einem Leberspieß-Imbiss geht, wohin die Arbeiter und Straßenhändler gehen?

Nur wenige.

Und was sind das für Leute?

Zum Beispiel die Künstler. Kannst du dich an meine

Freundin Schaghayegh erinnern? Sie studiert Physik. Wenn ich zu ihr sagen würde: »Komm, wir gehen Leberspieße essen«, würde sie denken, ich sei arm oder verrückt oder von niedrigem kulturellem Niveau. Aber es finden sich trotzdem noch ein paar, die da hingehen würden.

Nun mal etwas anderes. Du hast ja einen Freund. Was bedeutet es für eine durchschnittliche junge Frau in Teheran, einen Freund zu haben?

Mama, geh nicht ins Internet, wenn ich rede. Sieh mich an!

Denk du über die Frage nach, während ich die Nachrichten checke. Hast du nicht gesehen, wie viele Polizisten und Spezialgarden auf der Straße sind? Es könnte sein, dass sie morgen wieder Menschen töten! Lass mich nachsehen, was los ist ...

Ich möchte gar nicht erst daran denken! Hör mir jetzt zu!

Schhh, hör mal! Die Menschen rufen Allahu Akbar *von den Dächern. Na gut, wir waren dabei, über Freunde zu sprechen ...*

Zunächst einmal haben die meisten jungen Frauen eine Reihe spezifischer Kriterien bei der Wahl ihres Freundes. Was für ein Auto hat er? Was hat er für sie gekauft? Wohin hat er sie bisher mitgenommen? Wenn er wie ein Fotomodell aussieht, dann ist es natürlich toll, am besten noch in Dubai, das steht hoch im Kurs.

Du beschreibst den idealen Freund einer..., wie heißt der Ausdruck noch mal, den du immer benutzt?

Daf!

Ja, genau, du beschreibst also das Ideal einer daf?

Ja, ich habe ja gesagt, für die *meisten* jungen Frauen, weil inzwischen fast alle *dafs* sind. Und diejenigen, die es nicht sind, versuchen, es zu sein.

Und was bedeutet daf *genau?*

Daf nennt man ein Mädchen oder eine junge Frau, die gut aussieht, groß gewachsen ist und einen guten Geschmack hat, sie ist ordentlich, reich und hat keine besondere Aufgabe in ihrem Leben.

Dann geht es also eher um Äußerlichkeiten.

Ein bisschen schon. Aber du müsstest unter den jungen Leuten sein, um die Unterschiede zu verstehen. Wie auch immer, eine *daf* ist jedenfalls kein bisschen wie ich.

Aha.

Jedenfalls würde eine *daf* den idealen Freund ungefähr so beschreiben, und außerdem würde sie sagen: »Er liebt mich sehr, er will mich heiraten und hat mir gesagt, dass wir vor der Hochzeit nichts miteinander tun.«

Was tun?

Das heißt, eine sexuelle Beziehung haben.

Das schockiert mich jetzt etwas!

Ach, das ist halt die Definition der extrem verzogenen Mädchen, abgesehen davon sagen die das ohnehin nur nach außen hin. Sie schlafen miteinander und heiraten trotzdem nicht. Sie reden nur so hohl daher, um vorzugeben, sie seien ganz brav und ihr Freund sei noch braver.

Was meinst du mit ›hohl daherreden‹?

Das heißt lügen.

Und auf welche Altersklasse beziehen sich diese Definitionen?

Auf die von zwanzig bis siebenundzwanzig Jahren.

Oh, die sind doch schon längst aus dem Alter für solches Gehabe heraus.

Ja, aber der Gedanke an Geld, Autos und ans Heiraten gehört zu dieser Altersklasse. Und die Behauptung, keine sexuelle Beziehung gehabt zu haben, dient dazu, einen Ehemann zu finden. Allerdings unter den Typen, von denen ich gesprochen habe.

Wie steht es mit den jüngeren Altersklassen?

Für die zwischen vierzehn und zwanzig Jahren muss der Freund cool sein; wenn seine Hose zerrissen ist und von seinem Hinterteil herunterrutscht, ist das schon mal gut, und er darf unter den Freundinnen des Mädchens nur sie ausgesucht haben. Geld ist da noch weniger wichtig.

Wie lernen sie einander kennen?

Auf unterschiedliche Arten. Wenn die Mädchen anständig sind, bei einem Fest oder im Café, im Gebirge oder in der Klasse. So, dass sie einander bereits etwas kennengelernt und miteinander gesprochen haben, bevor sie sich anfreunden. Wie Saba und ich. Wir haben uns in einer Galerie im Haus der Künstler kennengelernt und kannten uns davor schon durch unsere gemeinsamen Freunde. In der Galerie ergab sich einfach nur die Gelegenheit, uns besser anzufreunden. Manche lernen sich dagegen einfach auf der Straße kennen, was ich oberflächlich und billig finde. Meistens wissen die Eltern der beiden nichts davon und sollen es auch nicht erfahren, weil sie grundsätzlich gegen solche Freundschaften sind. Der Junge stellt dem Mädchen vielleicht zwei Gassen lang nach und gibt ihm dann seine Telefonnummer. Wenn das Mädchen ihn anruft, freunden sie sich womöglich an.

Und alle haben ein Handy?

Ja, natürlich, alle.

Nun, wie sehen genau die Freundschaften von dir und den Freunden aus, die so ähnlich sind wie du und von denen du sagst, sie seien normal?

Das erste Jahr lang ist man lose miteinander befreundet, geht gemeinsam aus, besucht mit der Zeit alle Einladungen gemeinsam, sodass die anderen einen zusammen kennenlernen. Eine sexuelle Beziehung ergibt sich vielleicht nach drei oder vier Monaten. Alle haben diese sexuelle Beziehung, und man braucht gar nicht darüber zu sprechen. Die Erwartungen aneinander sind sehr bescheiden, man erwartet zum Beispiel Respekt, dass man überall gemeinsam hingeht und dergleichen.

Und wie sieht es mit Zukunftsplänen aus?

Am Anfang macht niemand Pläne. Das ergibt sich dann irgendwann von selbst. Das heißt, die sind ein paar Jahre miteinander befreundet, und manche von ihnen heiraten sogar. Normalerweise zwischen vierundzwanzig und dreißig. Vor diesem Alter ist es sehr selten, und manche heiraten auch nicht.

Kommt es vor, dass sie einander betrügen?

Ja, das kommt vor. Viele machen es, meistens heimlich. Und wenn der andere es merkt, geht die Freundschaft in die Brüche. Es gibt auch eine besondere Gruppe, die allerdings sehr klein ist, vorwiegend unter den Scheinkünstlern, vor denen du dich als Mutter wirklich fürchten müsstest, wenn ich zum Beispiel ihre Partys besuchen wollte. Meiner Meinung nach sind sie keine anständigen Leute. Sie rauchen alle Arten von Drogen, alles Mögliche. Danach haben sie beispielsweise zu viert Sex, wobei oft ein Paar darunter ist. Solche Menschen betrügen einander ganz offensichtlich, was beiden nicht sehr wichtig ist. Nach außen hin sind sie Künstler, in Wahrheit aber sind sie nichts, sondern einfach nur reich.

Jetzt frage ich dich unvorbereitet. Bist du deiner Meinung nach hübsch?

Nein, ich bin gutaussehend.

Und was bedeutet gutaussehend?

Schönheit ist affig. Meistens nennt man die Knochigen hübsch. Ihre Mienen sind entweder ernst oder graziös. Sie sind hochgewachsen und außerdem sehr ordentlich. Ich bin nichts von alledem.

Woher kommen die Maßstäbe für Schönheit, von denen du sprichst? Aus Iran?

Nein, täusche dich nicht. Zum Beispiel ist die eine schön und wirbt mit ihren Fotos für Gucci-Mode, die andere ist auch schön und wird Werbemodell für Adidas-Schuhe. Verstehst du?

Ja klar. Nun gut, ich weiß, dass du dir nie die Haare färbst, wenig an deinen Augenbrauen herumzupfst und dich kaum schminkst. Weshalb machst du das so, hier in Teheran, wo du so viele stark geschminkte Mädchen und Frauen siehst?

Wenn ich mich stark schminke, mit jeder Menge Cremes und Puder und Rouge, wird jeder, der mich sieht, denken: Ach je, was steckt bloß darunter, dass sie es überdecken muss? Lippenstift kann ich nicht auflegen, weil ich ihn aufesse. Und wenn ich zum Beispiel meine Gesichtshärchen auszupfen würde, könnten die anderen glauben, ich hätte vorher wie eine Kokosnuss ausgesehen. *(Lautes Gelächter)*

So denke ich jedenfalls. Für viele ist der Maßstab für Schönheit, geschminkt zu sein.

Also akzeptierst du dich so, wie die Natur dich erschaffen hat?
Ja.

Was tun die Frauen in Teheran für ihr Aussehen? Abgesehen davon, dass sie sich fast alle die Haare blond färben.
Mama, zurzeit ist Nescafé in Mode, eine Art trübes Milchkaffeebraun.

Übrigens, nur als Zwischenbemerkung. Wie wirke ich, die ich mein Haar nicht färbe und eine Menge weißer Haare habe? Nach Ansicht dieser Damen natürlich.
(Lacht) Ihrer Meinung nach bist wahrscheinlich entweder sehr arm oder verrückt oder entmutigt, weil dich seit langem kein Mann mehr angeschaut hat!

Ach so …
Sie tätowieren sich ihre Augenbrauen. Das heißt, sie rasieren sich ihre Brauen ab, dann lassen sie sich ein beliebiges Modell eintätowieren: teuflisch, wie eine persische Acht oder der Persische Golf.

Wachsen ihre eigenen Augenbrauen nicht nach?
Doch, aber sie rasieren sie immer wieder ab. Deswegen glänzen ihre Brauen auch, wenn man sie im Profil betrachtet, sind sie ganz glatt.

Stellen sie auch etwas mit ihren Augen an?

Außer Eyeliner und Lidschatten sind inzwischen künstliche Wimpern groß in Mode. Entweder kleben sie sie an, oder aber sie implantieren sie.

Aua!

Diejenigen, die sie sich implantieren lassen, sind so um die dreißig oder zweiunddreißig und wollen vorgeben, sie seien zweiundzwanzig. Die anderen kleben sie an. Jede, die man fragt, sagt: »Es sind meine eigenen Wimpern, die Wimperntusche ist so gut.«

(Gelächter)

Findest du das so lustig?

Schon ein bisschen. Na gut, und die Haut?

Die Haut? Nun ja, die ist sehr wichtig. Seit längerem ist gebräunte Haut in Mode. Überhaupt zählt sie zu den Schönheitsmaßstäben von denen, die sich die Haare blondieren. Die müssen unbedingt gebräunt sein. Allerdings bräunen sie sich alle mit Bräunungscremes, und wenn man sie anschaut, sind Gesicht und Hals nur bis zum Kleideransatz und zu den Stellen gebräunt, wo sie unter dem Kopftuch hervorlugen. Ihre Hände sind blütenweiß.

(Heftiges Gelächter)

Ja, die sind wirklich zum Lachen. Abgesehen davon schminken sie sich meistens die Augenpartie weiß, wie bei den Aussparungen einer Sonnen- oder Skibrille.

Um zu behaupten, dass sie Ski gefahren sind? Oder mit der Brille sonnenbaden waren?

Keine Ahnung. Auf jeden Fall gehört es zur Ästhetik der Gebräunten. Wie alles andere ist es einfach in Mode. Es ist sogar eine sehr beständige Mode, ungefähr seit drei Jahren.

Wo wir gerade vom Skifahren gesprochen haben: Gehört das auch zu den »klasse« Dingen?

Meinst du »mit Klasse«? Mehr oder minder ja. Ich mag es selbst nicht besonders. Es ist teuer, und es gefällt mir nicht, mich mit zwei Stöcken im Schnee abzumühen. Aber der Style mit der weißen Augenpartie hat nichts mit dem Skifahren zu tun. Im Sommer sieht man ihn sogar häufiger.

Du verwendest sehr häufig neue Ausdrücke, die von der jungen Generation oft gebraucht werden. Kannst du ein paar davon erläutern. Zum Beispiel chas?

Chas ist wie *dschavad*.

Das sind gleich zwei Rätsel!

Ach so. *Dschavad* bezeichnet jemanden, der sich geschmacklos kleidet, der sich Gel ins Haar tut, sich mit viel Gold behängt und dessen Schuhe staubig sind. Die weibliche Variante legt grünen Lidschatten zu rotem Lippenstift auf und liebt große Blumenmuster. Und natürlich würde sich ein *dschavad* nie selbst als solchen bezeichnen.

Und was sind nun die chas.

Hast du diejenigen gesehen, die sich künstliche Felle um den Hals legen? Das ist eben *chas*. Leute, die künstlichen, unechten Luxus lieben. Die sich bemühen, zu einer anderen Gesellschaftsschicht aufzusteigen. Eine *chas*-Frau ähnelt einer *daf*. Und die Männer tragen glänzende Hosen mit spitzen Schuhen, wie die Schuhe von Sindbad.

Und sie tragen viel Goldschmuck?

Nein! Das sind die *dschavad*. Schau mal, du kennst doch das Grippevirus. Man weiß, was man von ihm zu erwarten hat. Nun verwandelt sich dieses Virus in eine Schweinegrippe, von der man nicht mehr weiß, was man von ihr zu erwarten hat, gegen die man aber nichts ausrichten kann. Sie nervt, außerdem ist sie äußerst ansteckend. Ein *chas* ist ein *dschavad*, von dem man nicht weiß, was man von ihm zu erwarten hat, gegen den man aber auch nichts ausrichten kann.

Und in Bezug auf die weibliche *chas* kann man sagen, dass sie eine gefälschte *daf* ist, sie ahmt die *daf* nach.

Also steht die daf *auf einer höheren Stufe?*

Das kann man so nicht sagen. Echte *daf* werden als solche geboren. Die echten sind alle gutaussehend, reich und haben große Brüste.

Gibt es auch männliche daf?

Ja, die heißen *paf*.

Und wie sind die?

Reich und gutaussehend, allerdings nach Ansicht der *daf*. Sie sind etwas muskulös, und am besten haben sie blaue Augen. Außerdem sind sie natürlich gebräunt. Und die hellen Partien ihrer Skibrillen sind echt, weil sie häufig Ski fahren. Man muss reich sein, um ein echter *paf* zu sein, weil Ski fahren wirklich teuer ist.

Ich möchte dir gerne eine Frage zu einem Thema stellen, über das hier in Iran nicht viel gesprochen wird. Ich möchte wissen, was du über Homosexualität denkst?

Homosexuelle sind genau wie Heterosexuelle. Sie unterscheiden sich lediglich in manchen Dingen von ihnen. Wahrscheinlich fühlen sie auch selbst diese Unterschiede gegenüber den anderen.

Sind diese Unterschiede deiner Meinung nach durch eine Art Krankheit oder Abnormalität bedingt oder natürlich?

Das ist doch klar, sie sind von Natur aus so.

Gibt es Personen in deinem Umfeld, die homosexuell sind?

Ja, aber nur wenige.

Weibliche und männliche?

Ja, beide.

Bist du mit ihnen befreundet?

Ja, ich sagte es doch schon, für mich unterscheiden sie sich nicht von meinen übrigen Freunden.

Also ist deine Freundschaft mit ihnen wie mit den anderen? Siehst du keine Unterschiede in ihrer Persönlichkeit?

Doch. Meiner Meinung nach sind sie wegen ihrer schwierigen Lebensumstände in Iran und wegen den neuen Bedrohungen, denen sie ausgesetzt sind, wie etwa der Todesstrafe, ernsthaftere Menschen. Wie soll ich es ausdrücken? Sie sind wissender. Zum Beispiel haben sie über die Philosophie des Daseins nachgedacht, über Tod und Leben, Liebe, über das Dasein als Frau und als Mann. Essenzielle Begriffe. Sie haben über den Menschen nachgedacht. Deshalb haben sie beispielsweise Philosophie studiert. Sie sind oft gebildete Menschen, interessante Freunde.

Die jungen Frauen wie die jungen Männer?

Ja, zum Beispiel hat die Freundschaft mit einem homosexuellen Jungen den Vorteil, dass ich als Mädchen nicht ständig fürchten muss, dass er sich in mich verliebt, wenn ich vertraulich mit ihm werde. Mit Homosexuellen kann ich sorgloser verkehren. Sie sind meiner Erfahrung nach höflichere, sensiblere und gebildetere Menschen. Jedenfalls mag ich sie sehr.

Denken deine übrigen Freunde genauso?

Nicht alle. Sie sagen zwar nichts zu ihnen, betrachten sie aber mit Verachtung. Und sie verurteilen mich wegen meiner Freundschaft mit ihnen.

Wie ist die Meinung der Allgemeinheit?

Die ungebildeteren Schichten der Gesellschaft akzeptieren Homosexuelle überhaupt nicht. Zum Beispiel bezeichnen sie einen Mann, um ihn zu beleidigen, als »gay« oder »O Schwester«. Solche Ausdrücke werden als Schimpfwörter benutzt.

Ist es in Iran gefährlich, homosexuell zu sein?

Sehr. Wenn man einen Homosexuellen erwischt, dessen sexuelle Beziehung zu einem anderen, aus welchen Gründen auch immer, bekannt geworden ist, wird er hingerichtet. Es heißt, das Vergießen seines Blut sei *halal*.

Wie steht es mit den Transsexuellen? Jenen, denen man es ansieht?

Die müssen von einer in Iran zugelassenen Klinik für Geschlechtsumwandlung eine Bescheinigung vorweisen, dass sie entweder auf die Operation warten oder die Geschlechtsumwandlung bereits vollzogen haben. Man sieht es ihren Gesichtern und Figuren an, dass sie vorher ein anderes Geschlecht hatten, oder man sieht, dass sie zum Beispiel gerade weibliche Kleidung tragen und weibliche Gesten zeigen, obwohl sie Männer sind. Sie sind immer in Gefahr, verhaftet zu werden. Wenn sie keine Bescheinigung vorweisen können, droht ihnen Gefängnis oder gar Hinrichtung.

Insgesamt denke ich, Homosexualität ist eine Art Andersartigkeit in der Welt der Nichthomosexuellen, der Mehrheit also, wie die unterschiedlichen Hautfarben.

Wahrscheinlich wird bald niemand mehr darüber nachdenken, und die Homosexualität wird früher oder später
normal und belanglos werden.

*Gut, nun sage ich jeweils ein Wort, und du sagst dazu, was dir
zuerst einfällt.*
In Ordnung.

Bassidschi.[4]
Bart. Jemand, der sich mitten auf der Straße an seinem
Geschlecht kratzt. Sandalen und der Abdruck des Ge-
betssteins auf der Stirn. Soll ich es wirklich sagen?

Ja.
Achselschweiß, der nach *Baghali Polou* riecht. *(Lachen)*
Ich sehe sie immer ganz finster an.

Hast du keine Angst vor ihnen?
Nein. Wenn man sich nicht vor ihnen fürchtet, lassen
sie einen in Frieden, das ist wie bei Hunden. Ist dir nie
aufgefallen, dass einen ein Hund, wenn man sich vor ihm
fürchtet, anbellt? Wenn man sich nicht fürchtet, tut er
dagegen nichts. So wie ich mich kleide und herumlaufe,
haben sie auch keinen Grund, mich anzumachen.

---

4 Bassidschi sind eine paramilitärische Miliz aus überwiegend jugendlichen
   Freiwilligen, die zur Unterdrückung der Opposition eingesetzt wird.

Hezbollahi.

Dazu habe ich keine Meinung. Die sind anders als die Bassidschi.

Inwiefern?

Sie unterscheiden sich eben von ihnen. Bassidschi sind eine Art Parasiten der Gesellschaft.

Wie meinst du das?

Das ist doch wahr. Besonders wenn sie zu zweit auf einem Motorrad sitzen. Sie sind wirklich wie Parasiten. Schau mal, selbst wenn mir Ahmadinedschad und die Islamische Republik gefallen würden, wären mir die Bassidschi zuwider. Sie sind irgendwie abstoßend. Meistens sind sie reich und einflussreich. Aber es gibt auch Hezbollahi, die arm sind, friedlich zu Hause leben und sich in nichts einmischen. Die glauben wirklich an die Religion und sogar ans System. Allerdings gibt es eine Reihe Hezbollahi, die ihre religiöse Stellung missbrauchen, und das sind die Bassidschi.

Und jetzt sag mir noch kurz deine Assoziation zu ein paar Begriffen, okay?

In Ordnung, leg los.

Schreibutensilien.

Sie riechen gut.

Persischer Rap.
    Kotz. *(Würgegeräusche)*

Mütterliche Kommentare.
    Keine Meinung.

Ehe.
    Dafür ist es noch zu früh. Er muss unbedingt reich sein. *(Lachen)*

Also ist die Ehe an sich gut, vorausgesetzt, dein Ehemann ist reich. Ist es zu früh, weil dein Freund zurzeit noch arm ist?
    Nein, den werde ich auf keinen Fall heiraten. Zum Heiraten muss ich älter sein. Falls es dann jemanden gibt, der reich ist, muss ich zuerst herausfinden, ob er ein guter Mensch ist oder nicht. Je nachdem, entscheide ich mich dann für ihn. Falls er aber nur ein guter, aber armer Mann ist, würde ich unter keinen Umständen an Ehe denken.

Kleidung.
    Liebe ich sehr.

Wie sehr? Wie groß sollte dein Kleiderschrank am liebsten sein?
    Schuhe habe ich noch lieber als Kleider. Ich wünschte, mein Kleiderschrank wäre so groß wie mein Zimmer. *(Lachen)*

Lügen?
    Dazu sag ich jetzt nichts. Manchmal sind sie allerdings

äußerst notwendig und nützlich. Aber ich mag keine Lügen hören.

Wünsche?
Nächste Frage.

Liebe?
Zu wem? Zu Dingen oder zu Menschen?

Ich meine die menschliche Liebe.
Die ist gut. Sie muss unbedingt gegenseitig sein, sonst ist sie schrecklich.

SMS.
Etwas sehr Gutes. Wenn es keine Sendeleistung zum Telefonieren gibt, gehen die SMS durch. Sie sind auch gut, wenn man die Stimme des anderen nicht hören möchte oder umgekehrt. Wenn man nicht viel zu sagen hat. Außerdem kann man doch nicht jemanden anrufen und ihm sagen, man wolle ihm einen Witz erzählen. Witze schickt man besser gleich per SMS.

Und was ist deine Meinung zum Thema Auswandern? Hier denken viele daran, zum Beispiel nach Europa zu gehen.
Mir ist Amerika lieber.

Weshalb?
Ich weiß nicht. Mir scheint es dort insgesamt interessanter zu sein. Die Menschen sind fröhlicher; du hast

doch gesehen, wie heiter der Onkel und seine Familie waren.

Also bist du damit einverstanden auszuwandern? Und was denkst du darüber generell?

Nein, mit dem Auswandern bin ich überhaupt nicht einverstanden. Wenn nicht vereinbart wäre, dass ich zum Studium nach Deutschland gehe, würde ich nur zum Reisen nach Europa gehen. Das Leben dort, besonders in der Schweiz, langweilt mich. Aber gut, wenn es hieße: »Iran ist geplatzt, du musst anderswo hingehen«, würde ich nach Amerika gehen.

Was gefällt dir an den USA?

Zum Beispiel ist es an den meisten Orten in Europa kalt, es regnet ständig, und die Bewohner sind farblos. Ich möchte keineswegs rassistisch erscheinen! Auch hier in Teheran habe ich mit den Farblosen meine Probleme. Als hätte man sie in Bleiche eingelegt. Außerdem gefallen mir keine Orte, deren Sprache ich nicht verstehe.

Also kannst du nur nach Afghanistan oder Tadschikistan gehen.

Aber nein. Englisch oder Deutsch muss ich auf jeden Fall lernen. Ich möchte halt, dass die Grundbedingungen für mich ein wenig interessanter sind. Vielleicht würde mir in den USA am Ende alles missfallen, aber das, was ich von hier aus mitbekommen habe, ist, dass die Amerikaner keine unbequemen Menschen sind. Glaubst du das nicht?

Vielleicht.

Die Bevölkerung der USA besteht aus lauter Einwanderern aus verschiedenen Ländern, obwohl sie möglicherweise auf Iraner nicht gut zu sprechen sind ...

Das ist nur politische Propaganda, mit den Menschen hat es nichts zu tun.

Nein, ich meine im Allgemeinen. Sogar hier in Iran geht man mit einem Iraner besser um als beispielsweise mit einem Afghanen. In den USA ist das im Vergleich zu Europa seltener. Dort fühlt man sich weniger fremd. Aber Iranerin zu sein, ist zurzeit ja überall schlecht, es ist irgendwie verquer, vor allem wegen Ahmadinedschad.

Seit der »Grünen Bewegung« hat sich aber das Ansehen der Iraner, anders als das von Ahmadinedschad, sehr verbessert.

Genau das meine ich. Überleg mal, wenn ich sagen würde, ich glaubte nicht an die »Grüne Bewegung« oder hätte mit ihren Zielen Probleme, würde ich sofort als Terroristin abgestempelt werden, was noch schlimmer wäre.

Einverstanden. Also ziehst du die USA, weil sie wärmer sind, ihre Sprache einfacher ist, ihre Bewohner sich freundlicher verhalten und es unter ihnen auch Menschen mit schönerer Hautfarbe gibt, Europa, das du ein wenig kennst, vor?

Nun ja, ich stelle meine eigenen Vergleiche an. Europa war ungefähr so, wie das, was ich darüber gelesen oder was ich davon in Filmen gesehen hatte: kalt und ernst. Über die USA bin ich ein wenig durch die Literatur informiert.

Apropos Literatur. Du hast viel gelesen, das weiß ich. Ziemlich viel durcheinander, weil du damit in jungem Alter begonnen und zugleich einen Geschmack entwickelt hast. Welche Art von Literatur magst du am liebsten?

Bei Büchern und Filmen mag ich die am liebsten, die einen Erzähler haben, der die Geschichte erzählt.

Du meinst in der dritten Person?

Ja, einen Erzähler und eine Figur des Buchs oder Films, aus deren Mund man die Geschichte erfährt. Ich mag keine zeitlichen Brüche. Ich mag einfache realistische Geschichten. Wie in den Erzählungen, in denen es einen Gott gibt, der alles weiß und erzählt.

Einen allwissenden Erzähler. Also magst du narrative Literatur.

Ja, genau. Abgesehen davon mag ich Bildlexika und Enzyklopädien. Gedichte mag ich auch. Übersetzte Gedichte gefallen mir allerdings nicht. Kurzgeschichten mag ich wiederum sehr, weil man da nicht über fünf Seiten die Beschreibung der Gefühle einer Person lesen muss. Krimis mag ich überhaupt nicht, weil man da meist schon selbst begriffen hat, was geschehen ist. Und dann kommt am Ende jemand, der einem all das, was man bereits weiß, als des Rätsels Lösung noch einmal erzählt.

Deine Lieblingsschriftsteller?

Ich habe vor kurzem Nabokov entdeckt. Der gefällt mir sehr gut. Die Kurzgeschichten von Dschalal Al-e Ahmad mag ich auch sehr. Außerdem sind Tschechows Kurzgeschichten wirklich wunderbar, aber seine Dramen kann ich nicht lesen. Ich mag Sadegh Tschubak. Und von Ebrahim Nabavi mag ich *Die fünfte Kolonne*, aber nur dieses eine Buch.

Welche Musik hörst du?

Ich höre alle mögliche Musik.

Bedeutet das, dass du in der Musik keinen besonderen Geschmack hast?

Genau. Nur die Popmusik iranischer Sänger aus Los Angeles kann ich nicht ertragen.

Was empfindest du, wenn du sie hörst?

Dass ich sie, wenn ich beispielsweise ein Bassidschi wäre, gern ins Gefängnis werfen würde! Damit sie nicht mehr diesen Unsinn singen können. *(Lachen)*

Richard Clayderman hasse ich genauso, besonders wenn er auf seinem weißen Klavier spielt! Den Saxofonisten Kenny G finde ich ungefähr ebenso schrecklich.

Was denkst du zum Thema Fremdsprachenlernen? Zumal du in Iran lebst, wohin nur wenige Touristen kommen, und du ebenfalls nicht oft verreist?

Man sagt, es sei notwendig.

Ist das alles?

Sieh mal, Englisch ist für alles nötig: Internet, Filme und Bücher. Deutsch lerne ich gerade, es gefällt mir aber eigentlich nicht besonders.

Ich hätte noch jede Menge Fragen an dich, aber schon jetzt sind es sehr viele. Hättest du zum krönenden Abschluss dieses langen Gesprächs etwas zu sagen, das ein Europäer direkt von dir hören sollte?

Du hast übrigens nichts über die »Grüne Bewegung« gefragt.

Nein, habe ich nicht.

Hast du es vergessen? Selbst wenn du es getan hättest, hätte ich gesagt, du sollst die nächste Frage stellen.

Zu meinen Worten an die Europäer: Zunächst, dass ich mir wünsche, dass jemand, der Iran noch nicht gesehen hat, wissen sollte, dass Hidschab, Kopftuch und Mantel nicht unsere wichtigsten Probleme sind.

Und?

Dass sie uns glauben sollen, dass es uns nicht besonders stört. Es mag sein, dass viele sagen, der Hidschab ist eine Behinderung der Frauen und dergleichen. Nun gut, das akzeptiere ich, und ich mag diesen Zwang auch überhaupt nicht oder dass ich, nur um kurz auszugehen, mich komplett umziehen muss, aber dennoch wird mein Leben und das vieler anderer durch den Hidschab nicht gestört. Ich denke sogar, dass er wegen der rückschrittlichen Denkweise einiger Männer notwendig ist. Abgesehen davon machen wir mit Kopftuch und Mantel schöne Kombinationen, die interessanter sind als viele Kleider. Wir haben es akzeptiert, auf unsere Art und Weise, und meiner Meinung nach braucht sich niemand um uns zu sorgen.

Und sonst?

Ansonsten hatten wir Iraner in vielen Bereichen eine großartige Vergangenheit, und wir mögen es, wenn die Menschen darüber Bescheid wissen. Sie sollten aber wissen: Wann immer ein Iraner nur über die glanzvolle Geschichte der vergangenen zwei Jahrtausende spricht, versteckt er sich dahinter. Und weil die Europäer das interessant finden, achten sie gar nicht darauf, dass derjenige, dem sie zuhören, nichts über seine Gegenwart sagt oder darüber, was er gerade tut. Tatsächlich flieht er vor sich selbst. Meiner Meinung nach sind solche Menschen nicht vertrauenswürdig.

Hast du deinen Gleichaltrigen in Europa nichts zu sagen?

Hast du diese barfüßigen Hippies gesehen? Mit ihren Hunden? Die sich außerdem so geil vorkommen? Bring zum Beispiel einen von ihnen nach Teheran und sag zu ihm: Nun geh mal barfuß spazieren. Es würde ihm die Füße zerfetzen.

Meiner Meinung nach können die sich solche Mätzchen nur wegen ihres städtischen und gesellschaftlichen Wohlstands erlauben. Ich habe letztes Jahr in Zürich einige mit schwarzem Lippenstift und schwarzem Nagellack gesehen, die ebenfalls schwarzen Haare hatten sie sich halb abrasiert und trugen seltsame schwarze Gewänder voller Nieten und Spieße. Manche hatten eine weiße Ratte auf der Schulter und wollten damit wohl ausdrücken: »Wir sind furchterregend und rätselhaft.« Brächte man die in das Getümmel der Demonstrationen auf dem Enghelab-Platz hier in Teheran, würden sie einen Herzinfarkt bekommen. Würde man sie mit Tränengas und Knüppeln konfrontieren, würden sie all diese Spielchen im Handumdrehen vergessen und begreifen, dass sie nur fliehen können und Steine werfen müssen. Falls ihnen beim Laufen ihre Kleider nicht in die Quere geraten. Ich möchte damit sagen, dass wir Teheraner aus all diesen Gründen überhaupt nicht auf solche Dinge kommen. Wir haben ohnehin schon genug Unruhe. So passiert es, dass jemand, der wie ich in Teheran aufgewachsen ist, bei deren Anblick denkt: Wie lächerlich! Vielleicht sind sie so geworden, weil in ihrer Umgebung immer alles viel zu sauber und angenehm war. Vielleicht bin ich auch nur auf ihre Sorglosigkeit neidisch. Ich weiß es selbst nicht.

Was hatten die überhaupt mit dir zu tun?

Na ja, als ich an ihnen vorbeigegangen bin, habe ich ihre verächtlichen Blicke bemerkt, die mir sagten: »Du arme, rückständige Drittweltlerin!« Vielleicht habe ich es aber nur so empfunden und irre mich.

Jetzt habe ich nur noch eine Frage, und dann beenden wir das Gespräch: Was wünschst du dir?

    …

In Ordnung. Vielen Dank, dass du mit mir gesprochen hast.
    Gern geschehen. Wie viel bekomme ich dafür?

Vielleicht wirft man dich, nachdem dieses Buch veröffentlicht worden ist, ins Gefängnis. Dort nützt dir das Geld auch nichts mehr. Ich werde dir dann Strümpfe mitbringen.

Dieses Gespräch fand am 11. Juni 2010, am Vorabend des ersten Jahrestags der zehnten iranischen Präsidentschaftswahlen, in meiner Wohnung in der Vali-Asr-Straße in Teherans sechstem Bezirk statt.

Sehnsucht und Hoffnung

Am 14. Juni 2010, zwei Tage nach dem ersten Jahrestag der zehnten Präsidentschaftswahlen der Islamischen Republik, habe ich mich mit Schirin und Sina zusammengesetzt, einem jungen Paar, das sich seit einem Jahr kennt, sich aber noch nicht zum Heiraten entschieden hat, zumindest noch nicht endgültig. Wir sprachen über die Protestbewegung gegen die Wahl Ahmadinedschads, die sogenannte »Grüne Bewegung«, über die Ängste der beiden und über ihre Hoffnungen, ihre persönlichen Beobachtungen und Erfahrungen.

Schirin ist fünfundzwanzig und promovierte Pharmazeutin, in ihrer Dissertation beschäftigte sie sich mit Naturmedizin. Sie spricht Englisch und Deutsch, obwohl sie behauptet, ihr Deutsch sei noch längst nicht perfekt. Sie spielt ein Instrument, das sie aber nicht preisgeben wollte, weshalb ich nicht weiter auf eine Antwort bestanden habe. Ihre Eltern haben studiert und sind berufstätig. Schirin gehört offenbar zur oberen Mittelschicht der Teheraner Gesellschaft.

Sina ist achtundzwanzig, hat einen Bachelor in angewandter Mechanik und ist seit einigen Jahren in einem verwandten Beruf tätig. Kürzlich hat er seine Wehrpflicht im administrativen Bereich absolviert und versucht zurzeit noch, sich davon zu erholen. Acht Stunden am Tag widmet er sich seinen beruflichen Aufgaben, in der übrigen Zeit spielt er Elektrogitarre oder hört Musik, liest oder besucht Kunstausstellungen. Sein Privatleben ist ihm überaus wichtig. Sina gehört zweifellos ebenfalls zur intellektuellen Schicht Teherans, seine wirtschaftliche Lage ist dagegen schwer zu bestimmen. Sein Einkommen kann sehr hoch oder aber auch im unteren mittleren Bereich angesiedelt sein.

Wir verbrachten einen Nachmittag zusammen, tranken Kaffee während unserer Gespräche, die sich wegen meiner Neugier in die Länge zogen. Ich stellte unzählige Fragen, wollte vieles wissen, hatte ich doch die meiste Zeit dieses erstaunlichen Jahres nach der Wahl versäumt. Sina und ich rauchten, wir aßen alle drei Wassermelonen und tranken ein Glas Wasser nach dem anderen, so heiß waren das Wetter und unsere Diskussionen.

Schirin ist eine intelligente junge Frau von natürlicher Schönheit, sie trug ein grünes Trägerhemd und eine Baumwollhose von hübscher hellblauer Farbe. Sie ist sehr gewandt, sowohl in ihrer Wortwahl als auch in logischer Hinsicht. Sie ist im Frieden mit sich selbst, fand ich, und steht mit beiden Beinen fest und selbstsicher auf der Erde.

Sina erschien mir empfindsamer, teilweise sogar etwas empfindlich. Er ist stiller, und seine Antworten waren kürzer und sensibel. Mit seinem schlichten T-Shirt und der schwarzen Jeans wirkte er jünger, als er tatsächlich ist.

Während des ganzen letzten Jahres, seit die beiden ein Paar geworden sind, dominierten die politischen Geschehnisse ihre Leben. Die Ereignisse vor und nach der Wahl spielten dementsprechend auch in ihrer Beziehung eine große Rolle.

Beide waren schon vor der Wahl politisch aktiv, schauten ihr zuversichtlich entgegen und waren davon überzeugt, dass man unbedingt wählen gehen müsse. Nach dem heftig umstrittenen, äußerst zweifelhaften Sieg Ahmadinedschads und der schockierenden Verkündung seiner Präsidentschaft gingen Schirin und Sina zusammen mit großen Teilen der Bevölkerung zu Protestdemonstrationen auf die Straße.

Sie ließen sich bei ihren politischen Aktivitäten gegenseitig freie Hand, selbst wenn Sina Schirin ein paar Mal gebeten hatte, an dieser oder jener Demonstration nicht teilzunehmen, wobei er sehr wohl wusste, dass er sie jeweils vor das schwierige Dilemma stellte, sich zwischen ihren Gefühlen und Überzeugungen entscheiden zu müssen. Sina war weniger aktiv als Schirin.

Schirin hingegen hatte nie eine vergleichbare Bitte an ihn gerichtet. Und seit sie sich bewusst zur Teilnahme an den Demonstrationen entschieden hatte, hatte sie mit Ausnahme von einer auch an allen teilgenommen.

Die Eltern der beiden hatten sie ebenfalls nie daran gehindert, an den gesellschaftlichen Ereignissen auf der Straße teilzunehmen. Im Gegenteil, sie waren selbst ak-

tiv. Schirins Mutter ging mehrmals zu Demonstrationen, ihr Vater einmal, und zwar zu einer der letzten am
Jahrestag der Revolution im Februar 2010, als die »Grünen« vollends entmutigt wurden, weil angesichts des
Aufgebots an Polizei, Spezialgarden und Zivilen kaum
eine Versammlung hatte stattfinden können. Schirin
sagt, dass sie unter anderem die Empörung über die
Gleichgültigkeit ihres Vaters auf die Straße getrieben
habe.

Schirins und Sinas Freunde waren auf ähnlich Weise in
der »Grünen Bewegung« aktiv wie sie, mit Ausnahme weniger, die offen zugaben, dass sie aus Furcht nicht an den
Straßenprotesten teilgenommen und sich nicht an der
Verbreitung von Parolen via Graffiti oder Ähnlichem beteiligt hatten.

Schirins und Sinas Gefühle gegenüber diesen Freunden haben sich jedoch nicht verändert. Sina hat sogar einen Freund, der grundsätzlich nicht an die »Grüne Bewegung« glaubte und nur aus Neugierde auf die Straße
ging.

Wie schon zu Zeiten der Revolution von 1979, als
sich nahezu niemand den Auseinandersetzungen entzie-
hen konnte, jeder mehr oder weniger in Lebensgefahr
schwebte und eine aufgeregte emotionale Atmosphäre
herrschte, brachen auch in dieser politischen und sozialen Krise tiefgreifende ideologische Meinungsverschie-
denheiten hervor. Sogar zwischen Familienmitgliedern
und Liebespaaren kam es zu Diskussionen über die Höhe
des Preises, den man für die politischen Aktivitäten zu

zahlen bereit war. In manchen Fällen führte dies am Ende zum Auseinanderbrechen der Beziehungen. Schirin und Sina stimmen jedoch darin überein, dass sich ihre emotionale Beziehung nicht verändert habe. Sie hätten aber beobachtet, wie sich manche Freundschaften abkühlten.

Schirin hat selbst die Beziehung zu einigen Freunden abgebrochen. Ihre Welten hatten sich in den Zeiten verstärkter Politisierung zu weit voneinander entfernt. Sina ist allerdings überzeugt, dass solche Vorfälle im Vergleich zur Revolution von 1979 insgesamt verhältnismäßig selten seien.

In den ersten Monaten nach der Wahl waren ihre Treffen mit Freunden von Diskussionen, Berichten und gegenseitigen Benachrichtigungen über die aktuelle unklare politische Situation erfüllt. Alkohol – »Schnaps«, sagt Sina – war dabei immer noch ein fixer Bestandteil der Feste, was gelegentlich zum Ausbruch unnötiger Gefühle während der politischen Analysen führte. Die Kombination von Alkohol und Politik sei der kühlen Analyse nicht unbedingt förderlich, meint Sina.

Beide sagen, das Tolle an dieser Zeit sei gewesen, dass der Gesprächsstoff nie ausging. Alle hätten ein gemeinsames und dringliches Diskussionsthema gehabt. Wobei Schirin bei manchen ihrer Gesprächspartner ein unangenehmes Phänomen beobachtete: Eine neue »Alltäglichkeit« oder Routine habe sich in die Erzählungen eingeschlichen. Man gab zum Beispiel damit an, wie oft man mit dem Knüppel geschlagen und durch Tränengas am Atmen gehindert worden sei, oder prahlte, auf welche Art und wie viele Male man vor den Beamten geflüchtet sei. Dass Themen, die mit Schmerzen, Angst und sogar Menschenleben verbunden sind, dazu benutzt werden, sich als »wichtiger«, »geiler«, »interessanter« oder gar »berühmter« darzustellen, findet Schirin abstoßend. Diese Leute sprachen über die Teilnahme an den Demonstrationen, als ob es sich um die neueste Mode handelte.

Aber insgesamt, da sind sich beide einig, war es eine ungemein produktive Zeit. Jede Entscheidung für eine Aktion verlangte Schnelligkeit, Intelligenz und Kreativität, man musste über alles sehr viel mehr nachdenken als sonst. Und unter den Freunden überwog ein Gefühl der Zusammengehörigkeit. Man hatte ein gemeinsames Ziel vor Augen und kämpfte geeint gegen dasselbe Übel – man erkannte einander als gleichgesinnte Landsleute an. Dieses Gefühl der Verbundenheit habe sich auch auf die Menschen außerhalb ihres Freundes- und Familienkreises ausgeweitet. Die beiden hätten sich den Menschen auf den Gassen und Straßen, in den Kaufhäusern, Bussen und den Behörden freundschaftlich verbunden gefühlt. Es entstand ein Gefühl der Versöhnung mit der einst mürrischen und heterogenen Gesellschaft.

Sina fügt allerdings an, dass diese enge Verbundenheit, die er gegenüber fremden Leuten in der Öffentlichkeit empfunden habe, stets von Misstrauen begleitet gewesen sei.

Die Taxifahrer zum Beispiel hatten vor den Wahlen in Teheran, wo unabhängige Medien verboten worden waren, als verlässliche mobile Berichterstatter fungiert.

Danach habe sich aber durch die Einschleusung von Geheimdienst- und Sicherheitsbeamten eine Atmosphäre der Angst und des Misstrauens verbreitet.

Natürlich sei ein Teil der Taxifahrer schon immer beim Geheimdienst gewesen, und sie hätten schon in den Zeiten vor der »Grünen Bewegung« Informationen aus der Bevölkerung beschafft. In dieser neuen Phase aber seien sie noch gefährlicher geworden, weil die von den Bürgern gesammelten Informationen diese noch teurer hätten zu stehen kommen können.

Was die Wahlfälschung betrifft, ist Schirin von einem weitreichenden, organisierten Betrug und einem eigentlichen Putsch vollkommen überzeugt.

Sina glaubt zwar auch, dass es bei der Auszählung der Stimmen zu Fälschungen gekommen sei, das Ausmaß des Betrugs bleibt für ihn jedoch fraglich. Eine umfassende Wahlfälschung lasse sich nicht eindeutig beweisen, meint er. Wohl ist er davon überzeugt, dass Mir Hossein Mussawi der eigentliche Wahlsieger gewesen wäre, er hat aber in den Wochen nach der Wahl durch seine Kontakte zu Leuten in verschiedenen Kleinstädten und Dörfern, die überwiegend für Ahmadinedschad gestimmt hatten, Zweifel daran bekommen, dass das Ausmaß der Wahlfälschung den Behauptungen der Oppositionellen entspricht.

Schirin hat bei keiner der Straßenproteste Prügel bezogen, anders als Sina, wenngleich die Schläge nicht sehr heftig gewesen sind. Schirin ist mehrmals von der Polizei, den Spezialgarden oder den Zivilen geschubst worden, ist zu Boden gefallen und beleidigt worden.

Am 20. Juni 2009, jenem Tag, als Neda getötet wurde, versuchten Schirin und Sina, mit dem Auto durch die von der Polizei gesperrten Straßen und Gassen nach Hause zu fahren. Gassen wie jene, in der Neda angeschossen wurde.

Es habe eine seltsame Atmosphäre geherrscht, sagt Schirin, am Himmel seien Hubschrauber gekreist, und die Straßen seien voller Revolutionsgarden, Spezialeinheiten, Zivilen zu Fuß und auf Motorrädern sowie Bassidschi gewesen. Abfalltonnen standen in Flammen, Tränengas verdunkelte die Luft, und überall versuchten Tausende von Menschen, den Asadi-Platz zu erreichen, das Zentrum der Demonstrationen.

Internet, Mobiltelefone und SMS-Dienst seien abgeschaltet gewesen. Es habe keinerlei Möglichkeit gegeben, sich nacheinander zu erkundigen, und sie wussten nur, dass all ihre Freunde und Liebsten irgendwo im Zentrum der Gefahr steckten. Die seelische Belastung sei sehr groß gewesen.

Schirin und Sina erreichten schließlich ihre Wohnung und versuchten, sich mit einer DVD irgendeines westlichen Kinofilms zu beruhigen und ihren schweren Tag zu vergessen.

In einer kurzen Filmpause gelang es Schirin, trotz einer sehr langsamen Internetverbindung das kurze, mit einem Mobiltelefon aufgenommene Video von Nedas Sterben aus den Onlinenachrichten herunterzuladen. Es waren die ersten Nachrichten dieses Tages, die sie zu Gesicht bekamen. Schirin und Sina waren unendlich bestürzt und brachen zusammen. Es wurde ihnen mit einem Schlag bewusst, dass sie an diesem Tag ohne weiteres dasselbe Schicksal wie Neda hätten erleiden können.

Was denkt Schirin über das Jahr, das seit der Präsidentschaftswahl im Sommer 2009 vergangen ist, ein Jahr voller Blutvergießen, Inhaftierungen und Folterungen, in dem es zu Todesfällen kam und sie selbst seelischen und körperlichen Schmerzen und Beleidigungen ausgesetzt war, während die Forderungen der Bevölkerung nicht erfüllt worden sind? Haben sich die erbrachten Opfer gelohnt? Auf diese Frage antwortet Schirin: Obwohl ein Menschenleben mit nichts anderem in dieser Welt aufgewogen werden könne, würde sie sofort wieder auf die Straße gehen.

Die ursprüngliche Forderung, ihre Stimme für Mussawi zurückzubekommen, sei inzwischen ein vergessenes Ziel. Sie denkt nicht einmal mehr an Ahmadinedschad als Usurpator oder an Mussawi als unterlegenen Präsidenten. Für sie haben all diese Bitterkeiten, verschwendeten Leben, die Leiden – kurz der hohe Preis, den sie und das iranische Volk bezahlt haben und noch immer bezahlen – einen ideellen Gewinn erbracht, der die politischen Werte übersteigt. Sie, Schirin, habe das verloren gegangene Gefühl von »zu Hause« wiedergefunden. Jetzt wisse sie, dass sie in Teheran leben möchte. Sie wolle nicht mehr die einfachste Lösung wählen und in den Westen auswandern, sie möchte in ihrer Heimat bleiben.

Schirin erinnert sich an die brutalen Vorfälle bei den Demonstrationen vom 9. Juli 2009, als sie in eine Ecke

getrieben worden war und ein Bassidschi mit seinem be-
drohlichen Knüppel ihr ins Gesicht schrie: »Verschwinde
von hier!«

Dabei war ihr durch den Sinn gegangen, dem Bassidschi zu sagen: »Wer bist du, dass du mir befiehlst, fortzu-
gehen? Das hier gehört mir! Es ist mein Zuhause! Verschwinde *du* von hier!«

Im Gegensatz zu Schirin, die sogar in diesem Augenblick davon überzeugt gewesen sei, Iran sei auch das Zuhause des Bassidschi, habe dieser offenbar geglaubt, Schirin besetze einen Teil seines Hauses.

Schirin will kämpfen. Nicht mehr für ihre gestoh-
lene Stimme oder ihren Präsidenten. Sie will dafür
kämpfen, zu Hause bleiben zu können. In einem Haus
mit unzähligen Bewohnern, die alle dieselbe Hoffnung
haben: Hoffnung auf Veränderung.

Sina hingegen ist entmutigt. Der Preis, den die Bevölkerung bezahlt hat, sei zu hoch gewesen, meint er. All
die zerstörten Hoffnungen und die Toten stehen seiner
Meinung nach in keinem Verhältnis zu den Errungen-
schaften der Bewegung. Er sagt, dass er sogar im Falle
der korrekten Stimmenauszählung und Mussawis Präsidentschaft keine große Hoffnung auf die in Aussicht ge-
stellten Reformen gehabt hätte. Er hätte die Reformen
zur Rettung des Landes durchaus begrüßt, allerdings
glaubt er nicht, dass sie zu baldigem Erfolg geführt hätten. Die Macht und der Einfluss des rechten und funda-
mentalistischen Flügels wie der Revolutionsgarden und
der Revolutionsführer seien allzu groß. Es seien dieselben

Kräfte, die die Reformen zu Zeiten Chatamis verhindert hätten.

Er erinnert sich an die Zeit der Präsidentschaft Chatamis, im Gegensatz zu Schirin, die damals noch zu jung war, um an Politik interessiert zu sein. Und er ist bestens vertraut mit der damaligen Ernüchterung, der Enttäuschung darüber, dass all die Forderungen des Volkes unerfüllt blieben.

Die demokratische Zivilgesellschaft, die Chatami und seine reformorientierte Regierung versprochen hatten, habe ihn mit so großer Begeisterung erfüllt, dass er an den Aufständen jener Zeit teilgenommen und Schläge bezogen habe, er wurde sogar verhaftet. Dass diese Ideale dann nicht erreicht worden waren, hätte ihn aber gelehrt, keiner politischen Strömung oder Bewegung mehr zu vertrauen.

Für Sina gibt es in der Politik keine Garantien. Er ist pessimistisch, aber nicht desillusioniert, er hat die Hoffnung nicht aufgegeben und glaubt, dass der Weg zu Reformen über politische, gewerkschaftliche und volksnahe Organisationen verläuft, wenngleich langsam und nicht mit überstürzten revolutionären Bewegungen. Er ist der Überzeugung, dass keine Staatsform mit welchen Mitteln auch immer imstande ist, einem Volk Glück zu bringen, das selbst über keine praktikablen politischen und gesellschaftlichen Lösungen verfügt. Sina setzt seine Hoffnungen nicht auf den einen oder anderen Präsidenten, dementsprechend waren und sind seine Erwartungen an die »Grüne Bewegung« bescheiden.

Schirins und Sinas unterschiedliche Auffassungen von der »Grünen Bewegung« haben ihrer Meinung nach nicht nur mit ihrer auseinanderklaffenden politischen Haltung zu tun, sondern seien einfach eine Frage des Charakters. Sie seien sehr verschieden, meinen beide, wobei die Tatsache, dass sie Mann und Frau sind, keine große Rolle spiele.

Ich frage Schirin, ob sie vor der Wahl politisch aktiv gewesen sei.

Sie sagt: »Ich war in keinem Wahlkomitee, das heißt, ich habe nicht offiziell für meinen Kandidaten geworben. Ich versuchte nur, die Boykotteure mit dem Argument, dass Mussawi in jedem Fall der nächste Präsident sein werde, gleich ob sie ihn wählten oder nicht, zu überreden, an der Wahl teilzunehmen.«

Ich frage sie, weshalb sie davon überzeugt gewesen sei, Mussawi werde in jedem Fall der Wahlsieger sein.

Sie habe damals den Eindruck gehabt, sagt Schirin, dass es – trotz der Wortgefechte zwischen den Kandidaten und ihrer nahezu gleichauf liegenden Chancen im Wahlkampf – eine unausgesprochene Übereinkunft gab zwischen dem Revolutionsführer, den Ayatollahs und den Vorsitzenden der drei Gewalten des Landes sowie einigen anderen einflussreichen Persönlichkeiten des Machtapparats: Man wollte Ahmadinedschad durch Mussawi ersetzen.

Schirin glaubte damals, dass der herrschenden Klasse der politische und ökonomische Schaden, den Ahmadinedschads Regierung mit dem Abenteurertum in der

Außenpolitik und in der Nukleardebatte angerichtet hatte, zu groß geworden war, weswegen sie sich dazu entschieden hätten, ihn abzusetzen.

Allerdings, gibt Schirin zu, habe sie diese Einschätzung eher zur Überredung der Boykotteure benutzt. Sie selbst sei sich bezüglich der Weitsicht der Herrschenden nicht so sicher gewesen.

Sie berichtet: »Ich sagte zu meinen Freunden: ›Die Diktatoren unterstützen Mussawi. Es ist an der Zeit, dass wir uns das ebenfalls zunutze machen und ihnen unsere Macht unter die Nase reiben.‹«

Schirin nahm an zwei großen Wahlkampfveranstaltungen für Mir Hossein Mussawi teil, die wenige Tage vor dem 12. Juni 2009 stattfanden: die »Grüne Menschenkette« und die »Grüne Welle«.

Sie habe ein seltsames Gefühl gehabt, erzählt sie, als man die Leute dazu aufrief, sich in grüner Kleidung und mit grünen Symbolen auf der Vali-Asr-Allee aufzustellen, die mit 18,6 Kilometern die längste Straße Teherans ist und vom Tadjrisch-Platz im Norden bis zum Eisenbahn-Platz im Süden der Stadt reicht. Man solle sich lediglich an den Händen halten, um eine Menschenkette zu bilden, hieß es. »Die ganze Strecke war voll! Ich weiß nicht, wie lang sie ist, zwölf oder fünfzehn Kilometer? Ich weiß nur, dass sie erfüllt war von fröhlichen grünen Menschen. Via Mobiltelefon erkundigte ich mich bei meinen Freunden, die an verschiedenen Punkten dieser Strecke standen; alle hatten dasselbe Gefühl: Wir waren vereint, wir waren stark … Es war ein sehr merkwürdiger Tag.«

An der zweiten Veranstaltung, der sogenannten »Grünen Welle«, nahmen ebenfalls Tausende teil. Die Menschen trugen wieder grüne Kleidung und grüne Symbole, diesmal zog man vom Asadi-Platz bis zum Imam-Hossein-Platz, entlang einer ebenfalls sehr langen, west-östlichen Straße Teherans.

Der spannende Punkt sei die Unterstützung der Sicherheitskräfte gewesen. Allerdings räumt sie ein, dies sei vielleicht dadurch begründet gewesen, dass man angesichts der internationalen Medienvertreter, die man damals noch nicht des Landes verwiesen hatte, zeigen wollte, dass in Iran Demokratie herrsche.

Zu Sinas Aktivitäten vor der Wahl zählten, abgesehen von der Begleitung Schirins zu den Wahlkampfveranstaltungen, eine Meinungsumfrage und die Nachrichtenweitergabe über das Internet. Während sie erst zum zweiten Mal in der Islamischen Republik wählen gegangen war, sei er bereits bei der zweiten Kandidatur Chatamis für die Präsidentschaft zur Wahl gegangen und damit an diesem 12. Juni 2009 insgesamt zum dritten Mal.

Er habe einen Text, den ein Journalist und politischer Analyst verfasst hatte, den Lesern im Internet zur Verfügung gestellt. In diesem Text seien die Leser aufgefordert worden, die Wahlprogramme der Präsidentschaftskandidaten mit den tatsächlichen Bedürfnissen und Forderungen der Gesellschaft zu vergleichen, um zur besten Entscheidung zu gelangen.

Sina meint, dass solche aufklärenden Berichterstattungen die demokratische Atmosphäre vor der Wahl sehr befördert hätten. Er sagt, dass er insgesamt nicht sehr aktiv gewesen sei. Wiederum deshalb, weil er grundsätzlich keine großen Erwartungen an die Wahl eines Präsidenten, selbst eines reformorientierten, innerhalb der religiösen Herrschaft der Islamische Republik habe.

Schirin war mit großen Hoffnungen zur Wahl und am Abend sehr aufgewühlt schlafen gegangen, weil sie doch auch fürchtete, am nächsten Tag nicht das gewünschte Ergebnis vorzufinden. Obwohl sie davon überzeugt gewesen sei, dass Mussawi siegen würde, habe sie wegen der Gerüchte von möglichen Wahlfälschungen wie viele Menschen zwischen Bangen und Hoffen geschwebt.

Sie erzählt: »Ich bin frühmorgens aufgewacht. Zunächst las ich offline die Nachricht einer Freundin aus Deutschland. Sie hatte geschrieben: ›Du Glückliche, wegen des Zeitunterschieds schläfst du wahrscheinlich schon und weißt nichts von den üblen Ereignissen.‹ Sie meinte damit natürlich Ahmadinedschads Wahlsieg, der im iranischen Rundfunk, im Fernsehen und von den Nachrichtenagenturen schon verkündet worden war.«

Schirin fühlte sich ganz merkwürdig, als sie diese Nachricht später mit eigenen Ohren hörte: »Anfangs wollte ich es nicht glauben. Ich war vollkommen verwirrt. 24 Stunden lang konnte ich diese unverfrorene Schamlosigkeit nicht fassen. Mein Gehirn arbeitete auf Hochtouren, und wenn es einen Stromzähler gehabt hätte, wäre der sicher durchgebrannt. Ständig stellte ich mir die Frage: Was wird jetzt? Was soll man tun?«

Sina hatte ähnlich empfunden. Er war aber gleich in

der ersten Stunde nach der Bekanntmachung der angeblichen Bestätigung des Präsidenten mit der Menge auf die Straße gegangen: »Die ganze Bevölkerung war auf der Straße. Die Menschen hatten keinerlei Pläne. Die Sicherheitskräfte, die Zivilen, Revolutionsgarden, Antiaufruhr-Einheiten und Bassidschi waren ebenfalls anwesend, als hätten sie vorher gewusst, dass es unruhig werden würde. Sie standen da, gut organisiert, im staatlichen Auftrag und planmäßig. Die Prügelattacken begannen schon damals.«

Schirin dagegen bemühte sich die ersten zwei Tage nach der Wahl, ihre Freunde davon abzubringen, sich dem Aufruhr anzuschließen: »Ich versuchte ständig, die anderen im Auge zu behalten, damit sie nicht auf die Straße gingen. Ich war damals in meiner vorsichtigen Phase. Es war, als wäre das chemische Gleichgewicht in meinem Hirn durcheinandergeraten. Ich konnte einfach nicht glauben, dass dieselben Menschen, die bis gestern fröhlich, vergnügt und gefahrlos die Wahlwerbung betrachtet oder an den Kampagnen teilgenommen hatten, inzwischen auf den Straßen verprügelt wurden ...«

Wie viele andere konnten Schirin und Sina in den ersten Tagen die unterschiedlichen Sicherheitskräfte und paramilitärischen Einheiten auf den Straßen nicht voneinander unterscheiden, lernten sie aber bald dem Namen und ihren Funktionen nach kennen: Bassidschi und Zivile waren nicht leicht zu unterscheiden. Erstere waren Kräfte aus dem Volk, die scheinbar spontan auf die Straße kamen, in Wahrheit jedoch von ihren Kommandeuren den Befehl dazu erhalten hatten. Die Bassidschi unterstanden den

Revolutionsgarden. Nach Ansicht vieler zählten die Zivilen ebenfalls zu den Revolutionsgarden. Nach außen hin waren sie unabhängig, weshalb auch niemand die Verantwortung für sie übernommen hatte.

Die Revolutionsgarden selbst waren nicht offen anwesend.

Die Spezialeinheiten waren ganz in Schwarz gekleidet, Sie unterstanden den Sicherheitskräften.

Diejenigen in gescheckten Tarnuniformen waren je nach Farbgebung Mitglieder der Revolutionsgarden, der Takavaran-Marineeinheiten oder der Antiaufruhr-Polizei. Aus der Armee kamen nur einfache Soldaten zur Kontrolle der Menge zum Einsatz.

Sina nahm, wie gesagt, gleich nach der Wahl an den Demonstrationen teil. Am ersten Tag fanden sie beim Vanak-Platz statt. An den Versammlungsort des zweiten Tages erinnert er sich nicht mehr. Am dritten Tag gab es einen großen Schweigemarsch vom Asadi-Platz bis zum Imam-Hossein-Platz. Drei Millionen Menschen in vollkommener Stille, mit erhobenen Händen, die Finger zum Siegeszeichen gespreizt. Es war derselbe Tag, an dem am Ende des Umzugs die Bassidschi vom Dach ihrer Station das Feuer eröffneten und mindestens sieben Personen töteten.

Sina war in den ersten zehn Tagen nach der Wahl mit Ausnahme zweier Tage ständig auf der Straße: »Am Platz des 7. Tir, am Toopkhaneh-Platz, am Fatemi-Platz und vor dem Innenministerium fanden täglich Demonstrationen statt. Da ich kurz darauf meinen Wehrdienst ableisten musste, hatte ich gerade nichts zu tun. Ich hatte keine wichtige Beschäftigung, die mich vom Demonstrieren abgehalten hätte.«

Schirin hatte sich nach den ersten beiden Tagen dem Kreis ihrer »Straßen«-Freunde angeschlossen und anschließend an sämtlichen Demonstrationen teilgenommen: »Ich war ja eigentlich dabei, meine Doktorarbeit abzuschließen, aber das Ereignis war so gewaltig, dass ich sie ganz beiseitelegte. Wie es auch alle anderen mit ihren Angelegenheiten taten.«

Auf meine Frage, wie die Menschen trotz studentischer oder beruflicher Verpflichtungen, insbesondere als Beamte, jeden Tag ihrer Arbeit oder der Universität hatten fernbleiben können, um auf die Straße zu gehen, antworteten die beiden, dass die Demonstrationen ja jeweils erst gegen sechzehn Uhr begonnen hätten, das heißt nach dem Dienstschluss der Behörden und Ausbildungsinstitutionen. Beide meinen aber zugleich, dass die Menschen ihre üblichen Aufgaben praktisch aufgegeben hätten.

Sina fügt noch an, dass damit auch die starke Präsenz von Frauen und Mädchen bei diesen Demonstrationen zu erklären sei: »Meiner Ansicht nach ist die hohe Anzahl von Frauen und Mädchen, zumal über einen so langen Zeitraum hinweg, darauf zurückzuführen, dass sie im Vergleich zu den Männern seltener berufstätig sind. Die meisten von ihnen waren Hausfrauen und konnten deshalb auf die Straße gehen. Diese Frauen erschienen tatsächlich mit einer bewundernswerten Beharrlichkeit und Aufopferungsbereitschaft täglich auf der Straße, wurden verprügelt, verhaftet und getötet. Zu Zeiten Chatamis war das keineswegs der Fall.«

Schirin stimmt ihm zu und meint, obwohl die Frauen zweifelsohne aus Eigeninitiative an den Demonstrationen teilgenommen haben, sei die beträchtliche Präsenz von Frauen in der »Grünen Bewegung« doch wohl unter anderem ein Ergebnis der beharrlichen und gefahrvollen Tätigkeit der Frauenrechtsgruppen: »Viele der heute aktiven Frauen waren zu Chatamis Zeiten noch Kinder. Inzwischen sind sie zwanzig bis dreißig Jahre alt. Sie sind sich ihrer Rechte weitaus besser bewusst, als es noch die Generation ihrer Mütter war. Vor allem dank des Einsatzes der Nichtregierungsorganisationen für Menschen-, Frauen- und Kinderrechte. Gruppierungen, wie die *Kampagne für eine Million Stimmen*, die in erster Linie nicht politisch sind, sondern sich für die Aufklärung und Frauenrechte einsetzen, waren in den vergangenen zehn Jahren äußerst aktiv. Folglich war es für die Frauen klar, dass sie, wenn sie das Wahlrecht haben, auch auf das Recht pochen können, zu fragen, was mit ihren Stimmen geschehen ist. Nun ja, sie ließen alles andere liegen und kamen auf die Straße …«

Informationen über die Demonstrationen beschafften sich die beiden auf der Straße und in der Menge, in Taxis und Bussen oder in den Schlangen vor Bankschaltern und Bäckereien. Dort war jedoch Vorsicht angebracht, da man nie wusste, ob nicht Geheimdienstleute in Zivil anwesend waren. Eine fast ebenso wichtige Informationsquelle war das Internet, obwohl es sehr langsam funktionierte und trotz der Unterbrechung durch die Regierung.

Eilige und wichtige Nachrichten bezog Schirin vor allem aus dem Internet. Sie findet das Netz grundsätzlich vertrauenswürdig und nützlich. Allerdings benötigte sie bisweilen die Hilfe ihrer Freunde im Westen: »Für manche Nachrichten stand ich mit meiner Freundin in Deutschland per Telefon ständig in Verbindung, weil auf ihrer Seite das Internet nicht gefiltert wurde. Wenn wir zum Beispiel erfahren wollten, ob und wo an diesem Tag Demonstrationen stattfinden, wie die neuesten Erklärungen von Mussawi oder Karroubi zu diesem Thema lauten, ob wir teilnehmen sollten oder nicht. Unsere Freunde im Ausland haben uns sehr geholfen. Hierzulande wurden die Mobiltelefone und demzufolge der SMS-Dienst abgeschaltet. Und in den Zeitungen stehen auch nur Lügen ...«

Sina fügt hinzu: »Die Wichtigkeit der Dienste, den die Freunde außerhalb Irans in puncto Nachrichtenweitergabe geleistet haben, ist kaum zu überschätzen. Sie waren uns in diesem Nachrichtenvakuum eine große Hilfe. Ich kenne manche, die ihren Beruf und ihr Studium aufs Spiel setzten, nicht mehr zur Arbeit oder in die Seminare gingen, um uns fortlaufend die neuesten Filterbrecher zu mailen. Oder sie sammelten die Nachrichten der Websites, die in Iran blockiert waren, und schickten sie uns. Sie luden Videos herunter und stellten sie in sozialen Netzwerken zur Verfügung.«

Neben Tausenden Blogs und privaten Websites, die

zu Nachrichtenquellen umfunktioniert worden waren, spielten auch Facebook, Twitter und Youtube nach Ansicht von Schirin und Sina in der »Grünen Bewegung« eine wichtige Rolle. Ohne die gesendeten Filterbrecher wären sie allerdings nutzlos geblieben.

Ich frage sie nach der Angst. Angst vor Schlägen, davor, unter die Räder zu geraten, oder vor Verhaftung. Angst vor Vergewaltigung und Folter, Gefängnis, sogar Tod oder Hinrichtung.

Schirin antwortet nach kurzem Zögern: »Nach meiner anfänglichen Unsicherheit ging ich zu allen Demonstrationen, und ich hatte Angst … Es war seltsam. Mein Körper ging seinen eigenen Weg, unabhängig von meinen Gedanken. Ich kann mich erinnern, dass ich die 24 Stunden vor dem 9. Juli und die 24 Stunden danach vor Aufregung und Angst starken Durchfall hatte. In den Stunden, die ich auf der Straße verbrachte, ging es mir aber vollkommen gut. Als hätte es dort nichts zu fürchten gegeben. Dabei war es eine der Demonstrationen, bei denen die Polizei mit besonderer Härte zuschlug. Es war eine Veranstaltung zum zehnten Jahrestag jenes brutalen Angriffs durch die Polizei und die Bassidschi, die damals in die Schlafsäle der Universität eingedrungen war, wobei unzählige Studenten verletzt worden waren und einige gar zu Tode kamen. Meine Reaktionen waren mir völlig fremd und unbekannt, überhaupt nicht logisch. Es war nicht zu analysieren.«

Und Sina sagt: »Ich? Ich hatte Angst. Ich bin überhaupt ein ängstlicher Mensch. Bis zum Samstag, dem 20. Juni, dem Tag, an dem Neda getötet wurde und das Blutvergießen offiziell begann, ging ich zu allen Demonstrationen. Danach nicht mehr. Verprügelt zu werden, konnte ich aushalten, aber ich war nicht bereit zu sterben. Schon gar nicht für Mussawi, damit er Ahmadinedschads Stelle einnimmt. Meine Stimme war mir wichtig, aber nicht wichtiger als mein Leben.«

Ich wende mich wieder Schirin zu, die bemerkt: »Ich hatte auch Angst, aber anscheinend folgte mein Hirn in jenen Tagen einem unabhängigen Mechanismus. Ich war am islamischen Trauertag *Aschura* noch zu Hause, als ich über das Internet von den Toten erfuhr, davon, dass man die Menschen mit Autos überfuhr, zerquetschte, von den Brücken der Stadtautobahnen warf und erschoss. Dennoch bin ich sofort auf die Straße gegangen.«

Sina hatte eine logische Begründung, nicht mehr zu den Auseinandersetzungen zu gehen: Er war nicht bereit, sein Leben zu opfern, um seine politischen Forderungen durchzusetzen.

Für Schirin hingegen gibt es nach ihren eigenen Worten keine vernünftige Begründung für ihre Teilnahme an den Demonstrationen. Es zog sie vielmehr ein sehr starkes, alles beherrschendes Gefühl auf die Straße: »Meine Teilnahme an den Demonstrationen bis vorgestern, dem Jahrestag der Wahl, ist nicht vernunftmäßig zu erklären. Jedes Mal wenn ich mitten im Getümmel steckte, dachte ich mir, nun, ich bin wie alle anderen. Mir kann alles Mögliche passieren, genau wie allen anderen. Ich bin auf der Straße und kann getötet werden. Noch weniger als diese Angst konnte ich es aber ertragen, zu Hause zu sitzen, während ich wusste, dass alle, die ich kannte und die mir teuer waren, verprügelt wurden und in Gefahr waren.

Die einzige Demonstration, an der ich nicht teilnehmen konnte, war die vom 4. November. Ich war schwer krank und konnte mich nicht aus dem Bett bewegen. Ich war verzweifelt. Es hieß, dass man an einem gewissen Ort Tränengas versprüht, an einem anderen Ort die Leute niedergeknüppelt, auf dem Platz Sowieso Menschen getötet hat und so weiter. Ich musste es mit meinen eigenen Augen sehen. Ich wusste es damals und weiß es auch jetzt, dass mein Beweggrund emotionaler Natur war, fast schon hysterisch. Eine hysterische Reaktion auf all diese Vorfälle, auf diese enormen Lügen, Fälschungen und auf die Brutalität ...«

Ich bin verwundert, dass Schirin das Wort »hysterisch« verwendet, ich empfinde es als übertrieben und sogar als ungerecht ihr selbst gegenüber. Ihre Reaktion und auch die aller anderen, die ihr Recht zu verteidigen suchten, war doch intelligent. Zur Erklärung erzählt sie von einem Erlebnis: »An *Aschura* wurde ich mit Szenen konfrontiert, die in gewisser Weise surreal waren. Wir kehrten gerade von der Demonstration zurück, als wir sahen, dass man in einer Nebenstraße der Asadi-Straße die Menschen verprügelte. Man schlug so lange auf sie ein, bis sie hinfielen. Dann schlug man weiter, bis sie bewusstlos waren, packte sie und warf sie in einen Rinnstein.

Schließlich erreichten wir die Manutschehri-Straße,

die nur ein paar Kreuzungen entfernt lag und wo alles ruhig war. Die Menschen gingen unbeeindruckt und friedlich den Vorbereitungen für das *Aschura*-Fest nach. Es war so absolut schizophren, dass ich mich selbst gespalten fühlte. Waren das die Bewohner ein und derselben Stadt?

Anschließend kehrten wir nach Hause zurück, und ich war verzweifelt. Ich musste etwas tun. Ich setzte mich sehr ernst und diszipliniert hin und bastelte aus grünem, transparentem Speckstein mit Klebstoff kleine dreieckige Laternen, in die ich jeweils eine Kerze steckte.

Wir brachten diese Laternen dorthin, wo die Leute sich das Essen geholt hatten. Inzwischen dämmerte es, und sie waren dabei, zu den Moscheen oder Mausoleen zu gehen, um sich dort das »Abendessen der Fremden« zu holen, bei dem man im Schein der Kerzen und Fackeln bis zur Morgendämmerung den Koran liest und Gebete spricht. Nun ja, wir stellten unsere grünen Laternen heimlich neben den anderen Kerzen auf, damit sie in dieser Ansammlung von Menschen ein grünes Licht verbreiteten.

Angesichts der maßlosen, barbarischen Gewalt, die man den Demonstranten und uns angetan hatte, und der gleichzeitigen, vollkommenen Gelassenheit eines anderen Teils der Bevölkerung verfiel ich in einen verzweifelten, schizophrenen Zustand, aus dem ich nur durch diese Handlung herausfand. Es war eine hysterische Handlung, meine Hände hatten ein hysterisches Verlangen, etwas zu tun. Vielleicht war es nur eine Reaktion meines Unbewussten auf den Wahnsinn. Der Wahnsinn, der einen befällt, wenn man sieht, wie ein Mensch einem anderen die schrecklichsten und inhumansten Dinge antut.«

Nachdem die Regierungskräfte mit immer offenerer Gewalt auf die Straßenproteste reagiert und sie allmählich erstickt hatten, wandte sich Schirin zur Bekämpfung der allgemeinen und eigenen Mutlosigkeit ruhigeren und sichereren Tätigkeiten zu. Auch bei diesen Aktivitäten sei ihr ursprünglicher Antrieb eher emotionaler Natur gewesen, versichert sie: »Gegen Ende des Sommers, als wir eine Phase der Hoffnungslosigkeit durchlebten und nicht akzeptieren konnten, dass man uns mit unvorstellbar brutaler und maßloser Unterdrückung sogar die Straßen als einzige Möglichkeit zur Äußerung genommen hatte, begann ich, mit demselben Enthusiasmus auf andere Weise für die ›Grüne Bewegung‹ tätig zu werden. Ich schrieb ermutigende Parolen wie zum Beispiel ›Wir Grüne sind Unzählige‹, ›Die Grünen sind wach‹, ›Habt keine Angst, wir sind vereint‹ auf kleine Klebezettel, die ich zu Hause auf dem Drucker in großen Mengen fabrizierte. Ich klebte sie überallhin, wo ich nur konnte, auf die Wände der Flure in der Universität, an Toilettenwände, auf Telefonzellen.«

Schirin ging kein Risiko ein, insbesondere nachdem sich ihre Aufgeregtheit mit diesem beständigen, vernünftigen und zielgerichteten Programm allmählich gelegt hatte.

»Ich führte die gefährlicheren Aufgaben nicht selbst aus. Zum Beispiel habe ich mit Speckstein Schablonen von den Gesichtern der Protestopfer und der Anführer der Bewegung oder für die Slogans hergestellt, aber das Aufsprühen auf die Wände übernahmen andere, Freunde, die risikofreudiger waren als ich.«

Diese Arbeit, die zwei flinke Begleiter und ein Mofa erfordert, erledigten meist die jungen Männer aus ihrem Freundeskreis. Sie gingen nachts auf die Straßen, sprühten zu zweit durch die Schablonen grüne Farbe auf Türen, Wände oder Telefonzellen, während der dritte auf dem Mofa Wache schob.

»Inzwischen stellte ich massenhaft Schablonen und Zettel mit Parolen her. Pro Woche verteilte ich zwei- oder dreihundert Stück unter meinen Freunden und Kommilitonen. Manchmal fabrizierte ich mithilfe grüner Pappe und einer Sicherheitsnadel Anstecker und verschenkte sie. Ich bin in dieser Zeit auch Menschen begegnet, die dasselbe taten wie ich, dann tauschten wir Zettel und Objekte untereinander, wobei wir uns aus Sicherheitsgründen und in unausgesprochener Übereinkunft nie nach unseren Namen fragten und uns weder nach Studienjahr noch Studienfach des anderen erkundigten. In einem Fall habe ich gemeinsam mit einem Mädchen, das ich vom Studium her flüchtig kannte, in einer Woche drei- bis vierhundert grüne Klebezettel an ihrer und meiner Fachhochschule verteilt.«

Während Schirin an ihrer Doktorarbeit schrieb, ertappte sie sich immer wieder dabei, wie sie eine halbe Stunde lang ein V (für Victory) in einen Radiergummi eingravierte. Diesen versah sie dann mit Griffen und verschenkte ihn als Stempel für diejenigen, die keine Zeit oder Geduld hatten, Parolen auf die Banknoten zu schreiben. Mit solchen Geschenken verbreitete sie die Slogans der Bewegung sogar unter den unpolitischen Mitgliedern ihrer Familie.

»Diese kleinen Stempel und Aufkleber, die in einer Handfläche Platz fanden und die man bei jeder Gelegenheit irgendwo aufkleben konnte – sie zeigten beispielsweise eine Hand mit zum V-Zeichen gereckten Fingern oder die Parole ›Tod dem Diktator‹ –, waren bei meinen weiblichen Verwandten, bei meinen Tanten, sehr beliebt.«

Derlei Tätigkeiten empfand sie als ermutigende Pausen vom anstrengenden Schreiben der Doktorarbeit und als eine natürliche Reaktion gegen das Verblassen der Hoffnungen der »Grünen Bewegung«.

»Ich habe diese Sachen so nebenbei erledigt bis zum 11. Februar dieses Jahres, als Demonstrationen geplant waren, es den ›Grünen‹ aber praktisch unmöglich gemacht wurde, sich zu versammeln. Nach dem enormen psychischen Druck, dem wir alle an diesem Tag ausgesetzt waren, verlor ich die Hoffnung. Ich war ernüchtert und merkte, dass ich diesen Druck nicht mehr ertragen konnte. Ich brauchte Abstand. Wir waren es leid, verprügelt zu werden.«

Sina hatte sich schon lange vor diesem Tag nicht mehr ernsthaft für die Bewegung engagiert. Er absolvierte damals seinen Wehrdienst und konnte grundsätzlich nicht an den Demonstrationen oder an Aktionen wie dem Verbreiten von Parolen teilnehmen: »Wie ich schon sagte, ich wollte nicht mehr hingehen. Ich war nicht bereit, mehr zu opfern. Während meines Wehrdiensts bei den Sicherheitskräften waren wir an allen kritischen Tagen in Alarmbereitschaft, sogar ich im administrativen Bereich. Auch wir blieben von den Heimsuchungen der Staatsmacht nicht verschont. Allein der Anblick der Soldaten, die man zwangsweise auf die Straßen schickte, damit sie ihre Mitbürger schlugen, war für mich schmerzlich. Einer von ihnen erzählte, wie er während der ganzen Demonstration hinter seinem Sichthelm weinte, und jedes Mal wenn sein Vorgesetzter Befehl zum Angriff auf die Menge gab, habe er seinen Knüppel zornig und wuchtig auf die Erde donnern lassen, um den Anschein zu erwecken, er schlage zu, damit man ihn nicht zur Rede stellt und verhaftet, aber auch um seinen Zorn zu entladen ...«

Ich frage Schirin und Sina, welchen Weg sie ein Jahr und zwei Tage nach den skandalösen zehnten Präsidentschaftswahlen einschlagen wollen. Endet ihre Unterstützung der »Grünen Bewegung« an diesem Punkt, oder geht sie weiter? Für Schirin sind die Forderungen der »Grünen Bewegung«, die noch immer nicht erfüllt worden sind, nicht die einzigen, die sie stellen will. Sie geht einen Schritt weiter, setzt sich längerfristige Ziele und wird sich dafür einsetzen, diese zu erreichen:

»Ich verteile heute wieder kleine Zettel mit Slogans, aber jetzt geht es mir um die ursprünglichen Ziele der Bewegung, um die Stärkung der demokratischen Zivilgesellschaft. Der Entwurf einer neuen Verfassung für Iran, eine Gesundheitsvorsorge für die Bevölkerung, die Garantie eines menschenwürdigen Lebens, das heißt Nahrung, Kleidung, Unterkunft und Bildung für alle sowie Freiheit für die verschiedenen Ethnien und religiöse Freiheit – das sind jetzt meine Ziele. Ebenso die Freiheit zum Unterrichten der Sprache und Geschichte aller Ethnien, die Etablierung und Durchsetzung der Rechte von Frauen und Kindern und dergleichen. All dies wurde von der ›Grünen Bewegung‹ zwar nicht direkt thematisiert, gehört aber zu ihren Grundwerten. Letztes Jahr waren die Suche nach den verloren gegangenen Stimmen, die Untersuchung der Fälschungen, die Proteste gegen Mord, Vergewaltigung, Gefängnis und Hinrichtung sowie auch der Ruf nach Freilassung der politischen Gefangenen so vordringlich, dass andere grundlegende Forderungen nicht zur Sprache kommen konnten.«

Wie kann Schirin, frage ich, Ziele ins Auge fassen, die sehr fern, ja unerreichbar erscheinen, während die Forderungen der »Grünen Bewegung« nicht nur nicht erfüllt worden sind, sondern darüber hinaus noch immer Gewalt ausgeübt wird, Journalisten und politisch Aktive vorgeladen und verhaftet werden, viele von ihnen ins selbst gewählte Exil geflohen sind und sich immer noch Ahmadinedschad Präsident nennt, der bei der anrüchigen Wahl von 2009 an die Macht gekommen ist. Darauf antwortet sie:

»Ich kenne eine Dame mittleren Alters, die im ersten Jahrzehnt der Islamischen Republik wegen ihrer politischen Überzeugungen und ihrer öffentlich geäußerten Forderungen nach Meinungsfreiheit, Freiheit der Bekleidung und Religion und nach der Trennung von Staat und Religion Jahre ihres Lebens im Gefängnis verbrachte. Sie hat für ihr Engagement einen hohen Preis bezahlt. Sie sagte zu mir: ›Wenn man heutzutage in dieser Gesellschaft, die stark kontrolliert wird, beispielsweise von der Trennung von Staat und Religion reden und Meinungsfreiheit fordern könne, dann nur deshalb, weil ich und meinesgleichen vor dreißig Jahren dafür protestiert hatten, obwohl wir wussten, dass sich diese Anliegen damals nicht verwirklichen lassen würden. Aber immerhin haben wir sie laut und vernehmlich ausgesprochen.‹«

Schirin geht diesen Weg weiter. Sie vergisst die dringlichsten Forderungen nicht, formuliert aber vor allem langfristige Ziele. Sie sieht sich als Teil der »Grünen Bewegung«, die langsam, aber beharrlich ihren Weg auf einer friedlichen Ebene fortsetzt. Sie bringt dafür die Geduld auf. Sie setzt sich ein für eine bessere, ferne Zukunft.

Aber Sina spricht an diesem Abend das letzte Wort: »Ich bleibe an diesem Punkt stehen. Für mich ist es bis hierhin genug. Ich bin nicht bereit, für meine politischen Überzeugungen noch weitere Opfer zu bringen.«

Tal der Poesie

Ich weiß nicht, ob es mit meinem Alter zusammenhängt, das inzwischen die vierzig überschritten hat, oder mit meiner Liebe zur Natur – der Natur meiner Heimat –, dass ich daran denke, ein Grundstück zu kaufen, irgendwo fern der Stadt. Damit ich darauf eine Hütte bauen kann, die einen kleinen Garten hat, mit ein, zwei Haustieren, damit ich mir eine Zukunft vorstellen kann, in der ich ganz allein sein werde oder vielleicht auch mit einem Liebsten an meiner Seite und in der ich keine Vagabundin mehr bin, sondern mich endlich irgendwo niederlasse. Eine Zukunft, die ohne die ständige Anwesenheit meiner Tochter – die bis dahin bestimmt irgendwo studieren oder einer Arbeit nachgehen wird – allein mir gehört und all den Dingen, die ich machen möchte und die wegen meiner alltäglichen Pflichten immer auf die Zukunft vertagt werden.

In dieser Zukunft möchte ich nicht in einer so großen, chaotischen Stadt wie Teheran leben oder in einer reinlichen europäischen Stadt wie Zürich, stets eine Sammlung von Kreditkarten und diversen Fahrscheinen für Busse und Bahnen in der Handtasche. Ich möchte nicht in einer jener Städte voller Autos, Mopeds und Krankenwagen leben, die nur aus Beton und Asphalt bestehen und erfüllt sind von Gehupe, Sirenen, Smog und Massen hektischer Menschen, die das Lächeln verlernt haben. Menschen, die vor lauter Rennerei vergessen haben, dass die Bäume, der Mond und der Himmel es ebenfalls wert sind, beachtet zu werden, dass man ein wenig Geduld haben, sich in eine Ecke setzen und den Blick auf einen Baum oder auf eine scheue Turteltaube richten könnte, die auf einem Ast sitzt und ihr hübsches braunes Federkleid von der Brise streicheln lässt.

Nicht dass ich diese Menschen in den Städten kritisieren oder mich über sie erheben wollte. Bisweilen bin ich selbst eine von jenen, die in dem verworrenen und extrem politisierten Alltag dieser Großstadt rennen müssen, um ihren Lebensunterhalt zu verdienen.

Und das in einer Stadt, in der sich Tag für Tag etwas Neues ereignet. Die an einem Tag von regierungstreuen Polizisten und Motorradfahrern in Zivil belagert wird und in der am anderen Tag die Menschen vorsichtig auf die Straße gehen, um sich zum Protest auf einem Platz zu versammeln. An einem Tag setzen sich die trauernden Mütter der Demonstranten, die während der Ereignisse nach der Juni-Wahl 2009 getötet worden oder verschwunden sind, schweigend in einen Park, den sie allerdings bald wegen der brutalen Attacken vonseiten der Polizei zwangsweise wieder verlassen müssen, anderntags kommen die Familien und Freunde der politischen

Häftlinge zum Gefängnis, breiten zum Zeichen der Solidarität davor ihre Speisetücher aus und essen gemeinsam. Auf diese Art zeigen sie den Gefangenen, dass sie an sie denken und sich weiter für ihre Freilassung einsetzen werden.

Die meisten Menschen in dieser Stadt schlängeln sich trotz all dieser Ereignisse durch die Polizeiautos, Motorräder und Ansammlungen hindurch zu ihren Arbeitsplätzen und kehren später wieder heim, bringen ihre Kinder zur Schule oder zum Hort oder holen sie von dort ab, kaufen und verkaufen Dinge, als sei nichts Besonderes geschehen.

An den Abenden besuchen die Menschen einander außerdem, gehen in Restaurants, in Parks oder ins Theater, oder sie ruhen sich wie alle übrigen Menschen der Welt zu Hause aus; ausgenommen natürlich jene Nächte, in denen die Stadt von *Allahu Akbar*-Rufen erfüllt ist, die aus Protest gegen die Hinrichtung eines unschuldigen Gefangenen, die Verhaftung eines weiteren Journalisten oder die Äußerungen eines Regierungsmitglieds in Fernsehen und Radio von den Dächern ertönen. *Allahu Akbar* ist arabisch und bedeutet »Gott ist größer«. Dieser Ausruf wurde von den Iranern nach der Revolution 1979 als Zeichen der Solidarität verwendet und ist im Zuge der Proteste nach den Wahlen vom Juni 2009 wieder aufgegriffen worden.

Trotz alledem denke ich in diesen vollgepackten, hektischen Tagen und Nächten des Jetzt an die Zukunft. Vielleicht ist, wie gesagt, mein Bedürfnis nach Verankerung und Verwurzelung durch mein Alter bedingt, diese Sehnsucht nach einem Ort, der allein mir gehört, der Wunsch, endlich nicht mehr meine gesamte Habe in Bananenkisten verstauen und von einem Ort zum anderen transportieren zu müssen, um sie dort wieder auszubreiten. Ich würde endlich gern bedenkenlos so viele Bücher kaufen, wie es mir gefällt, und sie in Regale stellen, von denen ich weiß, dass sie immer und bis in alle Ewigkeit an derselben Wand stehen bleiben werden. Wussten Sie, dass Bücher die schwersten und am schlechtesten transportierbaren Gegenstände bei einem Umzug sind?

Ich würde mir auch gerne mehr große, schwere Blumentöpfe zulegen, ohne sie anschließend ständig von einer Wohnung in die andere verfrachten zu müssen, zumal die armen Pflanzen sozusagen verkehrt herum leben, bis sie sich an den Einfallswinkel des Lichts und an die Luftströmungen der neuen Wohnung gewöhnt haben und dadurch nur älter und kleiner werden.

Von den immer schlimmer werdenden Beschwernissen, in Teheran eine neue Wohnung zu finden, will ich lieber gar nicht erst sprechen, sie sind beängstigend. Selbst wenn die Miete für ein kleines Apartment in Teheran vielleicht nicht mehr beträgt als die für ein vergleichbares in vielen europäischen Städten, so fällt sie in Ahmadinedschads sechstem Regierungsjahr jedenfalls auch nicht geringer aus. Die Inflationsrate in Teheran liegt amtlichen Statistiken zufolge bei 25 Prozent – was nicht einmal der Wahrheit entspricht – und wirkt sich als

Allererstes auf die Wohnsituation der Bevölkerung aus. Und genau das ist der Grund dafür, dass die Bewohner dieser Stadt gezwungen sind, ständig umzuziehen. Die Hausherren vermieten ihre Wohnungen nämlich grundsätzlich nur für ein Jahr, damit sie sie dann, entsprechend der gestiegenen Inflationsrate, zu einem höheren Preis wiedervermieten können. So kommt es, dass eine kleine Mittelstandsfamilie in Teheran mit einem monatlichen Durchschnittseinkommen von siebenhundert oder achthundert Dollar ihre gesamten Monatseinkünfte auf einen Schlag an den Vermieter zahlen muss.

Noch immer habe ich das Rätsel nicht lösen können, wie so eine Familie, die dieselbe Summe oder mehr für Lebensmittel und laufende Kosten wie Heizung, Telefon, Strom, Wasser und öffentliche Verkehrsmittel aufwenden muss, imstande ist, mit dermaßen wenig auszukommen. Dabei spreche ich nicht einmal von Studiengebühren und den Kosten für Kleidung und Ähnliches. Die Ausgaben für Vergnügungen und Reisen können ebenfalls vernachlässigt werden, weil sie als ohnehin unerreichbarer Luxus gelten.

Ich sage Zukunft, denke aber in Wahrheit auch an die Gegenwart, in der ich, wenn ich eine Wohnung an einem Ort fern dieser lärmenden Großstadt hätte, einige Tage im Monat oder in der Woche auf einer Terrasse sitzen und die Wolken, den Horizont, die Bäume und Berge betrachten könnte. Ich würde die städtischen Bilder aus meinen Gedanken verbannen und über das Leben nachdenken, wobei ich auch ein wenig unpolitisch, natürlich und irdisch sein könnte.

Dieses Bedürfnis war es auch, das eine Traumvorstellung so mächtig hat werden lassen, dass ich mich an manchen Wochenenden mit einer Freundin in mein kleines Auto setze – ein deutsches, das durch fünf Hände gegangen, aber sehr zuverlässig ist, vielleicht aus dem einfachen Grund, dass es deutsch ist und etwas verwöhnt, und das in den staubigen, mit Schlaglöchern übersäten Straßen abgelegener Kleinstädte und Dörfer Irans zwar zu ächzen beginnt, dafür aber genügsam und geduldig ist.

Ich setze mich also mit meiner Freundin ins Auto und biege völlig planlos in die erstbeste Nebenstraße außerhalb der Stadt ein, um irgendwohin zu gelangen, wo es nur noch die Natur gibt, und mit prüfenden Blicken die Grundstücke an den Flussufern und am Gebirgsrand zu mustern und in Gedanken eine kleine Hütte mit Spitzdach zu bauen, inmitten von weißen, sanften Tabriser Weiden.

Es ist, als hätte ich diese Bäume wiederentdeckt, obwohl sie keineswegs empfindlich und fast überall in Iran zu finden sind. Tabriser Weiden sind hohe Bäume mit hellen, dünnen Stämmen voller Baumaugen und zarten, silbrigen Blättern, die im Wind fast metallisch klingen, als würde man ein Gefäß mit Pailletten schütteln. Außerdem leben auf diesen Bäumen schwarz-weiße Nebelkrähen, die aussehen, als hätten sie sich für eine Einladung festlich gekleidet.

Der Name Tabriser Weide verrät, dass sie aus dem Nordwesten Irans stammt. Vor wenigen Monaten, als ich an die türkisch-iranische Grenze reiste, waren von Tabris bis zur Grenzstadt Basargan sämtliche Straßenränder bis zum Horizont sowie die Erde und der winterliche Himmel mit den blattlosen Schrägen dieser reizenden Wesen schraffiert. Dort habe ich mein Herz an sie verloren, und seitdem steht die Tabriser Weide auf der Liste meiner Lieblingsbäume an erster Stelle.

Obwohl ich hier geboren bin und angesichts meines Alters und Geschlechts verhältnismäßig viel in Iran umhergereist bin, werden Sie mir kaum glauben, dass dieses Land so weitläufig ist, dass man wahrscheinlich zwei Leben bräuchte, um alle seine Orte zu besuchen. Sobald man in eine der kleinen, halb versteckten Nebenstraßen einbiegt, kommt man in eine unbekannte weite Welt und ist sprachlos, dass eine so hübsche und anziehende Gegend hinter einem Hügel liegt, die einem sonst vielleicht für immer verborgen geblieben wäre.

Bei einem dieser Ausflüge also fuhr ich mit meiner Freundin in ein Bergdorf, um das Grab eines iranischen Dichters zu besuchen. Wir bogen in eine Nebenstraße ein, die durch eine dünnbesiedelte Gebirgslandschaft führt und die kaum jemand befährt. Wahrscheinlich ist sie so unbekannt geblieben, weil sie so selten benutzt wird – sie scheint jedenfalls beinahe vergessen zu sein.

Nicht dass das Volk den Dichter nicht kennen und nicht schätzen würde oder ihn gar vergessen hätte, das nicht, aber nach der Islamischen Revolution haben sich in diesem Land sämtliche Mittel und Anstrengungen der Regierung auf das Gedenken an islamische Geistesgrößen konzentriert, weshalb jede Menge Pilgerstätten und Moscheen restauriert, neu erbaut oder mit der nötigen Infrastruktur ausgestattet worden sind.

Die alten Dichter, Musiker, Maler und Schriftsteller werden dagegen totgeschwiegen, und diejenigen, die noch leben und mit Zähnen und Klauen für ihren Lebensunterhalt und gegen die Zensur kämpfen, bedeuten den Fundamentalisten nicht nur einfach nichts, sondern man legt ihnen auch nach Kräften Steine in den Weg, um sie zu behindern und das Volk vergessen zu lassen, dass es in diesem antiken Land neben Religion und Glauben auch Literatur, Musik, Lyrik und Malerei gibt.

Wir fuhren also auf einer Landstraße, die auf der einen Seite von Bergen und auf der anderen von einem flachen Tal mit einem relativ breiten Fluss begrenzt wird. Die winterliche Ansicht der kahlen Tabriser Weiden und vereinzelten kubischen Lehmziegel- oder Steinhütten mit Spitzdächern, die sich an das Flussufer schmiegten, raubten mir augenblicklich die Sinne.

Unterwegs kamen wir an jeder Menge offenbar verlassener Grundstücke vorbei, die von ebensolchen Tabriser Weiden umfriedet waren, sowie an fünf oder sechs ruhigen, abgeschiedenen Dörfern. In einem dieser Orte fragten wir einen Dörfler, der auf seinem Esel Holz transportierte, ob es in diesem Landstrich ein kleines Grundstück zu kaufen gäbe, worauf er, ganz nach iranischer

Sitte, unbestimmte und unklare Antworten gab, während der Esel seinen Weg fortsetzte und sich einige Hundert Meter entfernte. Im Verlauf des Gesprächs gewannen wir den Eindruck, als besitze der Dörfler selbst einige Grundstücke zum Verkauf, die er bei dieser günstigen Gelegenheit anpreisen wollte. Da wir allerdings aus seinen Worten nicht schlau wurden, verzichteten wir auf weitere Fragen. Wir mussten so rasch wie möglich weiterfahren, um unser Ziel noch vor Anbruch der Dämmerung zu erreichen.

Auf halber Strecke breitete sich in der nachmittäglichen Wintersonne eine kleine Siedlung aus, in der so viele helle und hohe Weiden standen, dass ich mir ihren Namen auf dem kleinen Schild am Wegesrand merkte, damit ich meine Freundin bei der Rückkehr davon überzeugen könnte, uns dort umzusehen.

Schließlich erreichten wir also das kleine Gebirgsdorf mit der Grabstätte des Dichters. Die Bewohner haben sich etwas einfallen lassen und die wenigen Gassen dieses kleinen Dorfes zur Ehre der Lyrik und der Lyriker nach modernen und antiken Dichtern benannt, die von den Iranern besonders geschätzt werden.

Es war ein seltsames Gefühl, die Namen der Dichter, die die Liebe und das Leben gepriesen hatten, in einem kleinen abgelegenen Dorf auf den Frontseiten niedriger Lehmmauern zu sehen, vor allem wenn man sie mit den Tausenden von Gassen in Teheran vergleicht, die die Namen von Märtyrern des Iran-Irak-Kriegs oder ausländischen Kämpfern wie Bobby Sands tragen, der nach einem Hungerstreik in einem Gefängnis auf einem anderen Kontinent starb.

Außerdem kommen einem natürlich die lebenden Dichter dieses Landes in den Sinn, die heute unter denkbar schwierigen Bedingungen schreiben, deren Bücher ewig auf eine Druckerlaubnis warten müssen oder gleich ganz verboten werden, sofern sie nicht zugunsten der Herrschenden politisch sind. So werden sie zu Lebzeiten Opfer von Verhöhnung, übler Nachrede und Geringschätzung in rechtsgerichteten Zeitungen, und nach ihrem Tod werden ihre Grabsteine demoliert und ihre Anhänger belästigt.

Ein Beispiel dafür ist etwa der große Dichter Ahmad Schamlou, der seine politischen und gesellschaftlichen Überzeugungen mutig in Verse fasste und im Jahr 2000 verstorben ist. Schamlous Grabstätte in Kordan bei Teheran wird jährlich an seinem Geburts- und Todestag von seinen Fans belagert, die jedes Mal feststellen, dass seine Witwe Aida den zerschlagenen Grabstein abermals ersetzt hat.

Bei dem Dichter, dessen Grab wir besuchen, ist das anders. Er starb bereits Jahre vor der Revolution in Iran und kann sich glücklich schätzen, dass zumindest sein Grabstein vom Zorn der Revolutionäre verschont geblieben ist.

Meine Freundin und ich setzten uns an sein Grab und lasen gemeinsam eines seiner schönsten Gedichte, eine Art dichterisches Totengebet.

Auf dem Rückweg schwiegen wir beide – fasziniert vom Geist des Dichters, der sich scheinbar in jener Natur in uns festgesetzt hatte, deren Bäume und Steine wir viele Male in seinen Gedichten beschrieben gefunden hatten. Er war ein originärer Naturdichter, der seine Heimat nicht nur gekannt, sondern auch genau beobachtet, geliebt und kunstvoll und angemessen bedichtet hat.

Es dämmerte bereits, als wir auf dem Rückweg jenes Dorf erreichten, das ich bereits am Nachmittag anvisiert hatte, und in den Ort hineinfuhren, worauf der Geruch von Stampflehm, rauchendem Brennholz und frischem Brot meine dichterisch gestimmte Seele erfüllte.

Wir erkundigten uns bei einigen alten Männern, die auf dem kleinen Dorfplatz in ein Gespräch vertieft waren, nach einem Immobilienhändler, und sie bemühten sich, uns richtig zu verstehen und uns zu glauben, dass eine Stadtbewohnerin aus einer Metropole wie Teheran tatsächlich in ein kleines Dorf am Rande des Gebirges ziehen will, aus dem die jungen Männer allesamt infolge der Arbeitslosigkeit und wegen des Niedergangs von Landwirtschaft und Viehhaltung in größere Städte gezogen sind, um sich für niedere Arbeiten als Handlanger oder Straßenhändler zu verdingen.

Schließlich führten sie uns zu einem abschüssigen und unebenen Grundstück am äußersten Ende des Dorfes. Ein Grundstück, auf dem zu meinem nicht zu verbergenden Entzücken eine kleine Hütte stand, mit drei kleinen Zimmern, einem Balkon sowie einem kleinen Hof mit zwei Aprikosenbäumen und einem

Weinstock und vor allem mit einem Garten voller Tabriser Weiden.

Wir Iraner haben die Redewendung: *Was einem widerfährt, ist Kismet*, wobei *Kismet* in etwa so viel bedeutet wie »Schicksal«. Sie spiegelt den orientalischen Fatalismus wider, den ich mit meiner energischen Individualität und meinem Verantwortungsbewusstsein immer habe verleugnen wollen.

An diesem Nachmittag aber glaubte ich an das Kismet. Inmitten all der Berge, Dörfer, Täler und Grundstücke war ich an einen Ort geführt worden, der genau meinen Vorstellungen entsprach. Eine originelle Hütte mit schweren Holztüren und Steinmauern, die Rückseite zu den Bergen gewandt, davor ein Meer von Weiden und Aussicht auf mein geliebtes iranisches Elburs-Gebirge in der Ferne.

Ich sah mich schon in nicht allzu ferner Zukunft Kaffee trinken und diese grandiose Kulisse betrachten, und es versetzte mir einen Stich. Ich wollte diese Hütte haben. In diesen Beeten würde ich Kräuter anpflanzen, von diesen Bäumen Obst pflücken. Stein für Stein dieser Mauern und Halm für Halm dieses Gartens würde ich kennenlernen, und ich würde meine Füße auf eine Erde setzen, die Teil des Landes meiner Vorväter ist. Ein kleiner Fleck auf der Erdkugel, aber auf immer stabil und sicher, beständig und nicht zuletzt mein eigen.

Befreit von den täglichen Auseinandersetzungen im politisierten Teheran und sich alle paar Jahre wiederholenden Umzügen, von den privaten und sozialen Beschränkungen, die einem den Atem rauben, befreit auch vom Ausfüllen eines Stapels Einwanderungsformulare in einer kalten, angsteinflößenden Behörde eines nördlichen Landes, in dem man mich nicht haben will und dessen Gesetze dazu verfasst worden sind, einen vom Bleiben abzuhalten.

Ein Ort für mich, die Bücher schreibt und zeichnet, um von mir und meiner Geschichte zu berichten, oder für jemanden, der musiziert und dichtet, um seine Individualität auszudrücken, die die Geschichte und Herkunft seines Landes in sich trägt, die in diesem Vaterland aber nirgendwo gezeigt werden darf.

Wenn für die Kulturschaffenden das Leben in einer so abweisenden und problematischen Stadt wie Teheran, der Hauptstadt Irans, beschwerlich und fast unmöglich ist, so ist der Auszug in ein kleines Dorf inmitten von Bergen und Wäldern immer noch tausendmal besser als das Heimweh, das Gefrieren des Herzens und der Gedanken im bequemen und prosperierenden Westen. Zumindest dann, wenn dieser Umzug produktiv sein soll, wenn er dem Schaffen von Kunst und Kultur dienen soll.

Denn so können wir den Kampf gewinnen, den Kampf gegen die Beschränkungen in unserer Heimat und gegen die Ausländerfeindlichkeit in fernen Ländern: fest in der eigenen Erde verwurzelt, mit einem geraden, starken Stamm, einem grünen, schöpferischen Haupt und ein oder zwei Nebelkrähen, die auf den grünen gastfreundlichen Ästen sitzen. Genau wie meine geliebten Tabriser Weiden.

Könnte ich nur den Preis für diese Hütte in der Währung der herzlosen heutigen Welt – dem dreckigen Geld – bezahlen. Könnte ich nur …

Nachwort

Als ich Parsua schon einige Jahre kannte – nachdem ein gemeinsamer Autorenkollege wegen unserer beider persischen Herkunft meinte, uns unbedingt verkuppeln zu müssen –, schrieb sie mir, sie betrachte mich als »her better version«. Ich weiß, wie baff mich ihr Blick auf uns beide damals gemacht hat, und dass er mich sehr berührte. Deshalb kann auch ich nur ganz persönlich über sie schreiben.

Natürlich leuchtete mir auf der Stelle ein, was sie an Gemeinsamkeiten und was an Trennendem an und bei uns sah: Wie mein Vater stammte sie aus Teheran; wir wurden im Abstand von drei Tagen im selben Jahr geboren, in Familien mit einem progressiven Vater (ihrer war Verleger und Übersetzer, meiner Arzt); wir waren mit Schweizern verheiratet und noch nicht lange in Zürich zu Hause. Doch allein diese ähnlichen Koordinaten bargen unsere Gegensätze, kamen wir schließlich in zwei Ländern mit Tausenden Flugkilometern Entfernung zur Welt, in zwei grundverschiedenen Kulturen – und obwohl die iranisch-lebenssatte Mentalität mir über meinen Vater vertraut war, war ich von Kindheit an umgeben von einem recht pragmatisch-deutschen Naturell.

Für mich wurde daher genau andersrum ein Schuh draus (und diese Metapher kommt nicht von ungefähr, denn Parsua rühmte mich unter anderem als diejenige von uns beiden, die einen exquisiten Schuhgeschmack habe). Bei all unserer Wesensverwandtschaft, der ich im großen Ganzen zustimmen konnte, blieb mir immer ein eigentümlich schlechtes Gewissen, sobald ich darüber nachdachte, dass meine Biografie im sicheren Deutschland die bessere, weil weitaus komfortablere Fassung von ihrer schwer gebeutelten Existenz im Iran darstellte. Und das aus purem Glück, ohne mein Verdienst; so wie umgekehrt Parsua ein männlicher Totalitarismus widerfahren ist, ohne ihr Zutun.

Für das Versäumnis meines Vaters – aus welchen Gründen auch immer hatte er seinen Töchtern nie Farsi beigebracht – fühlte sich Parsua dagegen persönlich zuständig. Sie wollte es wettmachen, indem sie mir vorschlug, einander Lehrerin zu sein; sie lehre mich Farsi, ich sie Deutsch. Gleichzeitig verkniff sie es sich während unserer Sprachstunden selten, mich bei jeder Gelegenheit auf die uralte Hochkultur Persiens hinzuweisen, dann schwang jeweils mit, dass man in unseren Breiten zu dieser Zeit noch in der Höhle gehockt hätte. Leider kamen wir sprachlich nicht sehr weit, dafür umso weiter mit unserer Schwesternschaft.

Das lag an ihrer ausgeprägten (persischen?) Begabung zur Freundschaft. Ob sie mir *Choreschte-Fesenjan* und

Basmatireis mit Berberitzen und *Thadik* kochte oder mir mein Baby für eine Weile abnahm – vielleicht wurde in der Summe solcher Momente Parsua für mich zur weiblichen Blaupause für alles Persische.

Von dem quecksilbrigen Charakter meines Vaters hatte ich, von Deutschland aus gesehen, oft aufs allgemeine »persische Wesen« hochgerechnet, dabei wusste ich stets um die hochindividuelle Persönlichkeit meines Vaters. Parsua schien mir, mit weiblich-sanfter Dämpfung, ebenso wie er »typisch persisch« zu sein, besonders in der Widersprüchlichkeit, Zerrissenheit und Radikalität ihres Charakters. Ihnen beiden – wenngleich sie zwei unterschiedlichen Generationen angehören – ist zu eigen, dass sie mit beeindruckender Furchtlosigkeit durchs Leben gegangen sind. Weder Parsua noch mein Vater ließen sich, zumindest nicht für mich sichtbar, je von der Angst in die Knie zwingen, ohne deswegen einen Hehl daraus zu machen, dass ihnen mitunter mehr als bloß bange zumute war. Sie packten jeden Tag bei den Hörnern – und das mussten sie wohl oder übel auch über größere Strecken.

Parsuas Alltag in Teheran war ein permanenter Kampf gewesen, wesentlich bestimmt von der Tatsache, in diesem männerdominierten Stadtmoloch eine alleinstehende Frau zu sein, die ihren gewalttätigen ersten Ehemann verlassen hatte und dafür den höchsten Preis einer Mutter zahlen musste – ihre kleine Tochter bis zur Pubertät nicht wiederzusehen.

Davon weiß ich, weil sie ihren Schmerz mit mir zu teilen versuchte, wider besseres Wissen. Ihr wie mir war durchaus bewusst, dass dieses Leid ebenso wenig teilbar ist wie eine Primzahl. Zugleich wussten wir aber auch, sie würde imstande sein, dem zu trotzen – selbst wenn nicht mal ein freier, autonomer Geist ihre erlittene Qual je völlig zum Verschwinden bringen, geschweige denn heilen könnte.

An diesem Punkt, glaube ich, hat meine Scham eingesetzt, wie auch meine tiefe Bewunderung für Parsuas Unbeirrbarkeit und Kühnheit: Zwar begriff ich, dass sie in diesen zermürbenden Kampf hineingezwungen worden war und ihr gar nichts anderes übrigblieb, als sich zu wehren, aber sie marschierte hocherhobenen Hauptes in jedes Gefecht, mit einem ironisch gefährlichen Funkeln in den Augen, das zu sagen schien, nun gut, dann sollst du mich kennenlernen!

Ebenjenes vitale Vergnügen an Widerspenstigkeit, sofern sie einmal zur bitteren Notwendigkeit und Lebensessenz geworden ist, war es, was mich an Parsua gleichermaßen beruhigte wie beunruhigte (vielleicht weil ich auch diesen Zug mit meinem Vater verbinde). Als sie 2009, mit Aufkommen der Unruhen in Iran – die in die sogenannte »Grüne Bewegung« mündeten – nach rund sechs Jahren zurück in ihre Heimat ging, verließ sie die Schweiz schweren Herzens. Wir ahnten beide bereits, dass es ein Abschied für immer werden würde.

Ich kann mich an den Satz erinnern, mit dem sie mir ihre Entscheidung damals begründete: Sie leide unter dem Eindruck, das Zürcher Leben spiele sich wie auf einer Theaterbühne ab, alles sei so beschaulich, so proper, so gutsortiert – und jetzt, wo sich der Protest in ihrer Heimat Bahn gebrochen habe, halte sie diesen *Frieden* kaum noch aus. Aber Parsua wäre nicht Parsua, hätte sie nicht im selben Atemzug ihre harsche Landesbilanz relativiert – sofort bezichtigte sie sich der Ungerechtigkeit, ja wohlwissend um all die menschlichen Tragödien, die selbstverständlich auch nicht vor schön drapierten Schweizer Samtvorhängen haltmachen.

Ich erlebte sie in diesen Monaten in einem emotionalen Ausnahmezustand; sie saß buchstäblich rund um die Uhr vor dem Radio, Fernseher, vor allem Computer, um sich über die aktuelle Lage im aufgewirbelten Iran den besten Überblick zu verschaffen. Bis sie es tatsächlich nicht mehr aushielt und sich quasi mit einem heftigen Ruck aus ihrer Lähmung löste und dazu entschloss, an der Seite ihrer Landsleute zu sein.

Wie wir alle in der Rückschau feststellen müssen, führten die Proteste 2009/2010 zu keiner Veränderung des Regimes. Dennoch legten diese Demonstrationen schon die eigentlichen Wurzeln des Aufbegehrens frei; spätestens von da an war klar, dass es die iranischen Frauen sind, die die Kraft für eine Revolution besitzen.

Und so ist es kein Zufall, dass Parsua Bashi für mich zur Verkörperung der persischen Seele geworden ist – gerade in ihrer Vielschichtigkeit und ihrem Changieren zwischen feinnerviger Sittlichkeit und ihrem fast anmutigen Zorn. Das lässt mich abermals hoffen – wenn ich auch nur noch aus der Ferne Parsuas Verzweiflung und Trauer um ihr Land gewahr werde –, dass ich letztlich mein Mosaik von ihr zu Recht zu der Zuversicht aufaddiere, Parsuas Stärke vermöge, mit der Energie ihrer iranischen Mitstreiterinnen zu einer gemeinsamen weiblichen Willensanstrengung und Macht zu werden, die ihre Gesellschaft (hoffentlich in naher Zukunft) zum Guten verändern wird.

Parsua beweist mir immer aufs Neue mit ihrer absoluten Zugewandtheit zu ihrem Land und seinen Menschen, wie mit ihrer Weigerung, dessen andauernde patriarchale Verfehlung und Willkür hinzunehmen, dass manchmal sogar widerstrebende Motive wie Liebe und Hass – werden sie fruchtbar gebündelt – die treibenden Kräfte für eine moderne Solidargemeinschaft sein können. Also vertraue ich darauf, dass die Iranerinnen *und* Iraner den Schlachtruf »Frau, Leben, Freiheit« am Ende in den harmonischen Dreiklang einer fortschrittlichen Gesellschaft umzuwandeln vermögen.

Anuschka Roshani

Nylon Road

Graphic Novel
Parsua Bashi

KEIN&ABER

PARSUA BASHI
Nylon Road
Graphic Novel

»Parsua Bashis scharfer Blick und ihr feiner Humor machen
Nylon Road zu einem bewegenden Gesellschaftsporträt.«
KulturSPIEGEL

Parsua Bashi übersiedelte 2004 von Teheran in die Schweiz.
In ihrer erhellenden autobiografischen Graphic Novel berichtet sie in Episoden von ihren Erfahrungen in Iran und
ihrem Leben in Zürich, von der Emigration ihrer Freunde
und Verwandten, der Erniedrigung durch das Gericht der
Mullahs, ihrer verhängnisvollen Ehe und der schmerzhaften
Trennung von ihrer Tochter.
Ohne Überheblichkeit, mit Witz, Schärfe und Zuversicht
zeichnet die Autorin ein reflektiertes Bild zweier Welten, das
noch immer verblüffend und erschreckend aktuell ist.

Graphic Novel
Softcover, 128 Seiten
Aus dem Englischen von Miriam Wiesel
ISBN 978-3-0369-5238-3

www.keinundaber.ch

RAMITA NAVAI
Stadt der Lügen
Liebe, Sex und Tod in Teheran

»Wer sich für Iran interessiert, kommt an diesem
Buch gar nicht vorbei.«

taz

Um in Teheran zu überleben, muss man lügen. Denn im
»Gottesstaat« Iran spielt sich das Leben im Verborgenen
ab. Schulmädchen tragen unter dem Tschador Jeans und
Turnschuhe, untreue Ehemänner pilgern nach Thailand, brave
Hausfrauen drehen Pornofilme, Mullahs sagen per Handy
die Zukunft voraus, und beim Schönheitschirurgen werden
nicht nur Nasen gerichtet, sondern auch Jungfernhäutchen
wiederhergestellt. Ramita Navai erzählt von den abenteu-
erlichen Doppelleben der Menschen und entwirft ein fas-
zinierendes Porträt einer Stadt, die ihren Schleier nur ungern
lüftet.

Roman
broschiert, 432 Seiten
Aus dem Englischen von Yamin von Rauch
ISBN 978-3-0369-6108-8

Auch als eBook erhältlich

www.keinundaber.ch

DINA NAYERI
Drei sind ein Dorf

»Schmerzlich und von höchster Relevanz.«
The New York Times

Nilou hat es geschafft: Sie hat den Abschluss einer amerikanischen Eliteuniversität in der Tasche und steht jetzt am
Anfang einer vielversprechenden Wissenschaftskarriere in
Europa. Doch so westlich sie auch scheint, ihre iranische Herkunft findet mehr und mehr in ihr Leben zurück. Auf einmal
befindet sich Nilou wieder auf der Flucht – aber diesmal auf
einer Flucht ganz anderer Art.

Roman
broschiert, 368 Seiten
Aus dem Amerikanischen von
Ulrike Wasel und Klaus Timmermann
ISBN 978-3-0369-6106-4

www.keinundaber.ch